介護職がいなくなる

ケアの現場で何が起きているのか

結城 康博

岩波ブックレット No. 1008

はじめに

いつか自分が「介護」を必要とする時、「介護保険サービスを利用して在宅で暮らし続けたい」「親族に面倒をかけたくないから施設に入所しよう」と考える人も多いでしょう。また、「今、親は元気だけど、いつ何時「親の介護」が必要となるかもしれない」と、心配する五〇～六〇歳代の方々も少なくないでしょう。

いずれにしても「介護」に備えなければ、と思っている人は多いはずです。そのため、貯蓄を増やす、施設見学に行ってみる、介護に関する相談窓口を把握しておく、既に介護サービスを使っている人に、どのような状況かを聞いてみる、など、あらかじめ準備している人もいるでしょう。

しかし、今、介護現場では深刻な介護人材不足によって、介護保険制度はあっても、実際にはサービスを依頼しても利用できない事態が生じているのです。要介護者が増えているにも関わらず、二〇二二年介護分野の就労者数が過去初めて減少しました。特に、コロナ禍で多くの年齢層の高いヘルパーらが辞めてしまい、収束後には他産業での求人が多くなり人の奪い合いが加速化し、さらに問題が深刻化しています。いくら金銭を払っても、介護職がいなければ、安定した介護サービスを享受することはできません。

本書は、このような介護人材不足によって、要介護者が困窮している実態を浮き彫りにして、高齢者やその家族ができることは何かを、考えていきます。

また、介護現場では、いくら介護職を募集しても人が集まらず、ギリギリの人員で苦労している管理職及び経営者にも、ぜひ、読んでもらいたいと執筆に取り掛かりました。

経営者が介護職を集めることができなければ、「介護人材不足倒産」といったことが珍しくない時代となっています。つまり、一定の人材を確保していかなければ、要介護者を受け入れることができず、その結果、収入が減り倒産にいたってしまいます。そのため、本書に目を通していただくことで、再度、魅力ある介護職場、定着率が高い職場のために、何に取り組まなければならないのかを、経営者及び中間管理職が学ぶ教科書的な意味合いをも含んでいます。

介護施設に入居したら、介護職に殺されてしまったという事件も生じています。利用者にとって、安心して介護生活を送れるためには、何よりも社会で介護人材が「確保」「定着」され、質の高い介護職に現場で働いてもらわなければなりません。確かに、介護におけるＩＣＴ化・ＤＸ化にも期待が寄せられますが、やはり介護は「人」が中心となるサービス体系です。

今後も続くであろう超高齢社会を見据え、利用する高齢者及び新たな介護人材を養成・指導していく人たちが意識を深める意味で、本書がお役に立てれば幸いです。

なお、本書に掲載している取材内容における事例及び人物は、一部、個人情報保護の観点から婉曲的に加工しているため、その点は申し述べておきます。

第一章　介護保険サービスが受けられない

(1)在宅介護サービスの危機

ヘルパーの替わりがみつからない!

八七歳で独り暮らしの鈴木節子さん(仮名)は、「要介護度」が要介護2で、二年ほど前から毎週三回、六〇分のヘルパーを頼んで身の回りのケアをしてもらいながら在宅介護生活をおくっていました(二〇一九年一月六日、ヘルパー事業所及びヘルパーからのヒヤリング)。

要介護度とは、介護サービスの必要の度合を決める「尺度」となるものです。要介護度が高くなるにつれ、介護保険で利用できるサービス量が増えていきます。通常、要支援1、2から要介護1までの高齢者は、「介護」の必要度が「軽度」とされ、要介護4、5といったランクに判定されると「重度」と認識されています(**図1**)。

節子さんは、杖でなら歩行可能ですが、基本的に足腰が効きません。担当ヘルパーは、「生活援助」といわれる掃除、洗濯、買い物などの介護を担っていました。しかし、ある日突然、介護サービスを調整する専門職のケアマネジャーから、「来月で担当ヘルパーの一人が、七〇歳を過ぎ体調面で疲れたというので退職することとなった。替わりが見つからないので、しばらくヘルパー派遣を週二回で我慢してもらえないか？　遠方にいる娘さんに、月二回程度来てもらうなど、手段を考えてもらえないか？」といった相談を受けたそうです。

担当ケアマネジャーも、替わりのヘルパー派遣を、数カ所のヘルパー事業所に頼んではみたものの、「人手がなくてヘルパーが派遣できない」と言われ、ケアプランの変更をしたそうです。ケアプランとは、節子さんの介護サービスを提供する日程表などを組みたてるもので、ヘルパー事業所と一緒にケアマネジャーが本人に確認しながら作成します。

節子さんも、自分の担当ヘルパーが七〇歳近いので、「いつまで、お世話になれるか」と、何となく不安に思ってはいたそうですが、急に仕事を辞めると聞くと、驚きは隠せなかったようです。結局、替わりのヘルパーが見つからず、しばらく遠方にいる娘に協力を求めることになりました。節子さんは介護サービスを充分に活用できなくなったことで、介護生活に不安が募り、かなり負担が生じるようになりました。

	おおよその身体状況
要支援１	多少，身の回りの支援が必要
要支援２	かなり身の回りの支援が必要
要介護１	杖歩行状態で身の回りの支援が必要
要介護２	車いすもしくは杖歩行で身の回りの支援・介助が必要
要介護３	車いす状態，自力では歩行ができず，トイレ介助も常時必要
要介護４	準寝たきり状態でベッド上での生活が中心，寝返りなどは自力で可能
要介護５	全くの寝たきりで，起き上がりも自力では難しいことがほとんど

順次介護が必要

※認知症の程度で差が生じることがある
筆者の現場経験から作成

図１　要支援・要介護者のおおよその目安

	月曜日	火曜日	水曜日	木曜日	金曜日	土曜日	日曜日
朝	Aヘルパー	Bヘルパー	Bヘルパー	Aヘルパー	Dヘルパー	Bヘルパー	Bヘルパー
午前	デイサービス			デイサービス			
昼		Dヘルパー	Bヘルパー		Aヘルパー	Aヘルパー	Bヘルパー
午後							
夜	Cヘルパー	Dヘルパー	Cヘルパー	Aヘルパー	Bヘルパー	Cヘルパー	Cヘルパー
深夜	Aヘルパー	Cヘルパー	Aヘルパー	Aヘルパー	Aヘルパー	Cヘルパー	Cヘルパー

※A～Dは各訪問介護事業所の区別を示す(ヘルパー個人ではない)

図2　中川さん(仮名)の週間ケアプラン

四カ所のヘルパー事業所を利用

筆者は、中川義男さん(仮名)の担当ケアマネジャーである佐藤清子さん(仮名)に話を聞きました(二〇一九年一月二二日)。中川さんは八九歳の要介護5で独り暮らしです。身よりもおらず一〇年前に発症した脳梗塞で、ほぼ寝たきり状態。車いすで座位は保てますが、誰かの介助なしにベッドに戻ることはできません。食事はベッド上で、なんとか自分で食べることはできますが、片付けができないので全介助が必要となります。排泄もオムツを利用しています。

佐藤ケアマネジャーから、中川さんの介護サービスの週間表を教えてもらいました。週二回デイサービス(通所介護)に通い、入浴や昼食のサービスを利用していますが、それ以外の日は全てヘルパーに支援してもらいながら在宅介護生活をおくっています(**図2**)。そのため、食事介助や排泄などのケアのために、一日三回もしくは四回、ヘルパーが中川さん宅を訪問して介護します。

佐藤ケアマネジャーの悩みの種が、ヘルパーを見つけるのに苦慮しているということでした。

そもそも、全国的に訪問介護を担うヘルパーの大半は非常勤職員（アルバイト）で構成され、ヘルパーが各事業所に所属する形態で訪問介護業界は成り立っています。ヘルパー事業所の正規職員は、これら非常勤職員の取りまとめ役の存在であり、通常、「サービス提供責任者」と呼ばれています。

佐藤ケアマネジャーは、各ヘルパー事業所のサービス提供責任者に派遣依頼をして、ケアプラン通りのサービス調整を行います。なお、非常勤ヘルパーが休みの時は、替わりにサービス提供責任者が要介護者のケアに入ることもあり、それらのマネジメントが大変ということでした。

ただ、中川さんのように週何回もヘルパー派遣が必要となれば、一カ所のヘルパー事業所に登録されているヘルパーには限りがあり、佐藤ケアマネジャーは四カ所のヘルパー事業所に依頼して、何とか中川さんのケアプランを遂行できているのです。

ヘルパーの引き継ぎが課題

大半の非常勤ヘルパーの働き方は、「直行直帰」というシステムです。つまり、自宅から直接、依頼された要介護者の家に行って介護の仕事をし、終わると、また次の依頼先を訪問し、依頼がなければ、そのまま自宅に帰るというシステムです。ヘルパー自身は、その都度、ケアが終わると所属しているヘルパー事業所に電話するだけで、直に出向いて報告するわけではありません。地域や事業所に差異があるものの、非常勤ヘルパーが事業所に出向くのは週一回程度です。

また、要介護者の様子を伝えるため、訪問先に記録ノートが置いてあり、ケアに入ったヘルパーは気づいた点を記録して、次に入るヘルパーに引き継いでいます。しかし、ヘルパーによっては、記録が細かく書かれたり、大雑把だったりして、時々、充分な引き継ぎができていないことがあるというのです。

そのため、要介護者はヘルパーが派遣される毎に、例えば、「冷蔵庫に牛乳がない。ティッシュは棚の上にある。洗濯はまだしていない。洗剤は台所に置いてあったかな?」など、繰り返し説明することも珍しくないそうです。ヘルパー同士が直に引き継ぎをしないので、しかたないのかもしれません。しかも、入れ替わり立ち替わり所属が異なるヘルパーがケアに入れば、一貫したケアは難しいでしょう。一カ所でさえ引き継ぎが大変なのに、四カ所のヘルパー事業所に依頼していることは、中川さんの負担もかなりのものです。

しかし、佐藤ケアマネジャーは、各ヘルパー事業所の登録ヘルパーが、年々、減少傾向にあるため、しかたがないと話してくれました。一〇年前であれば、中川さんのように、頻繁にヘルパー派遣が必要なケースであっても、せいぜい二カ所のヘルパー事業所と連携するのみで調整は可能でしたが、ここ数年の介護人材不足が深刻化するなかで「綱渡り」的な調整になっているそうです。いつ登録ヘルパーが辞めることになり、ヘルパー事業所から「派遣できなくなりましたので、他をあたってください」と言われるのではないかと、佐藤ケアマネジャーは不安でならないそうです。

連休の対応が厳しい

さらに、中川さんのようなケースでは、毎年、お盆、年末年始、連休などでのヘルパー派遣の調整が難航します。なぜならば、その時期、非常勤ヘルパーは、自分の家の用事や家族の世話などで仕事を休むため、稼働するヘルパーが少なくなるからです。

繰り返しますが、訪問介護のヘルパーは非常勤職員が大半を占めます。もちろん、ヘルパー事業所もそれを充分にわかってはいるので、ヘルパー事業所の数少ない正規職員が代替調整をするなど、どうにか帳尻あわせをします。しかし、どうしても一、二日ヘルパーが派遣できなくて、介護ができない日が生じてしまいます。

そのため、年末年始など、二、三日間ヘルパーが来られない日は、「ショートステイ」といった、短期間だけ介護施設で預かってもらえる施設サービスを利用することになります。しかし、都市部の「ショートステイ」は、後ほど説明しますが、同じく介護人材不足によってベッドを空いたままにしている施設もあり、数週間前から予約しなければならないため、佐藤ケアマネジャーは「ショートステイ」を引き受けてくれる介護施設の調整にも苦慮しているとのことでした。

一般的に言えることですが、ヘルパー派遣が難しくなると在宅で介護を必要とする独り暮らしの高齢者は、「軽度」者であっても食事や服薬管理に問題が生じます。掃除や洗濯などは一週間程度滞っても、しのげるかもしれませんが、インスタント食品ばかりの食事では、一、二日間ならまだしも、一週間以上となると栄養バランスが崩れるもととなります。栄養不足は、高齢者にとっては死活問題なのです。まして、中川さんのような「重度」の要介護者にとって、ヘルパーは「命綱」ともいえるかもしれません。

このような問題は、独り暮らしの要介護高齢者に限らず、家族の介護者が高齢化して、介護力が低下している老老介護といったケースでも同じ問題を抱え、ヘルパーの支えがなければ共倒れになってしまう危険性が生じます。まさに、ヘルパー調整の課題が浮き彫りになっているのです。

(2)介護施設でも利用制限

施設介護職が足りず特養に入所できない

筆者は、東京二三区内の特別養護老人ホーム(特養)の相談員が集う勉強会に参加して、介護人材不足の現状を聞きました(二〇一九年一月一六日)。

それによると、いくつかの特養ホームでは、施設介護職が集まらず、ベッドを休眠(空床)させているというのです。法令上、特養ホームでは要介護者三人に対して常勤換算ベースで一人の施設介護職もしくは看護師(准看護師含む)の配置が最低限義務付けられています。常勤換算とは、正規職員一人分という意味で、四時間パートの施設介護職が二人いれば、八時間勤務の正規職員が一人とみなされます。つまり、一〇〇人規模の特養ホームであれば、正規職員もしくは非常勤職員併せて、常勤換算ベースで、最低三四人の施設介護職もしくは看護職員を雇用できなければ、その分、要介護者の受け入れを減らしてベッドを休眠させておかなければなりません。

なお、一般的な特養ホームの介護サービスは二つに分類されます。一つめは「入所」といって、長期間施設で暮らすものです。二つめは「ショートステイ」といって、前述のように、在宅で介護生活をおくっている要介護者が、一時的に入所したり、家族の介護者の負担を軽減させるなどの目的で、一週間程度の短期間、要介護者を預かったりするものです。多くの特養では、例えば全部で一〇〇ベッドのうち、九〇ベッドは「入所」によるもので、残り一〇ベッドが「ショートステイ」なのが一般的です。

ショートステイも利用できない

やむなく、施設介護職等を法令の基準以上集められない特養ホームは、「ショートステイ」のベッド数をやや多く休眠させることになります。なぜなら「入所」サービスの要介護者は出入りがないため安定した収入源となりますが、「ショートステイ」の利用者は利用期間が短いため、入退所のタイミングがずれると、二、三日ベッドを空けておくことになり、その間、収入が入らなくなります。

もっとも、東京二三区内では多くの要介護者が在宅介護生活をおくっており、老老介護も増え、在宅介護専門のケアマネジャーは、「なぜベッドが空いているのに、ショートステイが利用できないの？　早く施設介護職を雇用できないのか？」といった問い合わせを、特養ホームにするようです。認知症の要介護者を支える家族にとって、定期的に「ショートステイ」を利用することで、在宅介護生活が続けられるのですが、これらの利用が難しくなれば、厳しい状況に追い込まれていきます。

しかも、「ショートステイ」に限らず、「入所」サービスも介護人材不足によってベッドを休眠せざるをえない実態も珍しくないため、大都市部では特養入所を一年程度待機している要介護者やその家族も多く、ベッドの休眠によって入所できないことは非常に残念なことなのです。

全国調査でも明らかに

筆者が中心となって携わり、全国五五〇施設の特養ホームから回答を得た調査研究結果においても、ベッドを休眠（空床）させている背景の一つとして介護人材不足が明らかになっています[1]。

表1　施設定員に空きが生じる（空床）職員側の理由（複数回答）

職員の採用が困難	43 施設
職員の離職が多い	29 施設
特になし	68 施設
その他	13 施設
無回答	19 施設

みずほ情報総研株式会社『特別養護老人ホームの開設状況に関する調査研究』より

それによれば、五五〇施設のうち一四三施設から「空床」があると回答を得ましたが、その理由として「新入所者と退所者（死亡者含む）のタイムラグ」「新設特養における満室までのタイムラグ」など、介護人材不足以外の要因も明らかとなってはいます。しかし、これら一四三施設のうち「施設介護職の採用が難しいため」といった回答も寄せられ、深刻な介護人材不足により、ベッドを休眠（空床）にせざるをえない様相が窺えます（**表1**）。

特養ホームにおける空床状況

筆者は、ある県の介護事業所が加盟している団体組織の関係者から話を聞くことができました（二〇一九年二月二七日）。「介護人材不足により、サービスの利用を制限していることを公にしてしまうと、労働環境が厳しいと思われ、ますます介護業界への応募が少なくなり、人手不足が深刻化して負のスパイラルに陥ってしまいます。そのため、加盟関係者内で人材不足の実態調査は行っていますが、あまり外部には公にしていません」とのことでした。

その調査報告によれば三八二介護事業所から回答を得て、そのうち約一割の三六事業所が介護職不足により介護サービスの利用を制限せざるをえないという結果でした。特に、特養ホームにおける休眠ベッド数の幅が大きいことがわかります（**表2**、**表3**）。ただし、三〇ベッド以上休眠というのは、開設して日が浅いために生じる、受け入れ調整のタイムラグも要因として考えられます。開設して直ぐに定員人数を受け入れるのは、職員体制もあるので難しいというのです。いずれにしても、サービス利用を制限している実態の深刻さが見えてきます。

表2　特養ホームにおける入所の休眠ベッド数

特養ホーム	本来の定員	利用上限定員	ベッド休眠数
A	56	53	3
B	100	95	5
C	50	40	10
D	96	84	12
E	100	70	30
F	54	42	12
G	50	47	3
H	70	67	3
I	80	76	4
J	70	40	30
K	80	44	36
L	80	70	10
M	40	33	7

某県「介護現場における人材に関する実態調査」2018年7月より

表3　特養ホームにおけるショートステイの休眠ベッド数

特養ホーム	本来の定員	利用上限定員	ベッド休眠数
A	20	18	2
B	12	9	3
C	20	17	3
D	20	10	10
E	20	10	10
F	15	10	5

某県「介護現場における人材に関する実態調査」2018年7月より

表 4　年齢別にみた認定率(2017 年度)(%)

	65～69	70～74	75～79	80～84	85～89	90～94	95～
要介護(計)	2.9	6.0	12.8	28.1	50.4	71.4	92.8
要介護 3～5	1.0	1.9	3.7	8.2	16.9	30.7	55.7
要介護 2 以下	2.0	4.2	9.1	19.9	33.5	40.6	37.1

厚労省社会保障審議会介護保険部会『介護保険制度をめぐる状況について(資料 3)』53 頁，2019 年 2 月 25 日より

表 5　有効求人倍率と失業率の推移

	2010 年	2011 年	2012 年	2013 年	2014 年	2015 年	2016 年	2017 年
介護分野の有効求人倍率	1.31 倍	1.58 倍	1.74 倍	1.82 倍	2.22 倍	2.59 倍	3.02 倍	3.50 倍
全職業の有効求人倍率	0.52 倍	0.65 倍	0.80 倍	0.93 倍	1.09 倍	1.20 倍	1.36 倍	1.50 倍
失業率(%)	5.1	4.6	4.3	4.0	3.6	3.4	3.1	2.8

厚労省社会保障審議会介護給付費分科会『介護人材の処遇改善について(資料 2)』6 頁，2018 年 9 月 5 日より

(3)介護職の有効求人倍率の衝撃

介護現場の人材不足は慢性化

二〇一六年度の厚生労働省(厚労省)の資料によれば約一八三万人の介護職が現場で従事していますが、その内訳は訪問系(在宅ヘルパーなど)約五一・四万人、入所系(介護施設など)約九三・一万人、通所系(デイサービスなど)約三二・三万人、その他約六・五万人となっています。

いっぽう二〇一八年一二月時点で、介護保険における要支援・要介護認定者数は約六六〇万人に達しており、全六五歳以上に対しての認定者数割合は、約一八・三%となっています。(2) しかし、八五歳を過ぎると半数以上の高齢者が要介護認定者となることがわかります(**表 4**)。

その意味では、介護人材の確保が急務となっていますが、その有効求人倍率の推移を見る限り厳しい状況が窺えます（**表5**）。しかし、ここで忘れてはならないのが、全体の有効求人倍率も年々高くなっていることです。つまり、介護に限らず全産業で人材不足が生じているということを見過ごしてはいけません。

人材不足は少子化の影響

筆者は現役の大学教授として学生の就職指導にもあたっていますが、最近、かなりの「売り手市場」を実感しています。

なぜならば、少子化による生産年齢人口の減少のためです。実際、一五歳から六四歳までの生産年齢人口は、一九九〇年には約八六〇〇万人であったものの、二〇一八年一〇月時点で約七五四五万人と一〇〇〇万人以上も減少しているのです[3]。そして、今後、二〇二五年には生産年齢人口は約六六〇〇万人、二〇三〇年には約六〇〇〇万人と大きく下回っていくことが予想されています。

確かに外国人労働者への期待もありますが、実際は、二〇〇八年一〇月末の約四九万人から、二〇一八年一〇月末の約一四六万人と、増えているとはいえ、約一〇〇万人しか増加していないのです[4]。少子化と相まって、全産業で「人材獲得」は激化すると予想されます。

(4)将来的に介護人材不足は深刻化する

後継者の見込みがたたない現実

厚労省の推計によれば、「現状の施策を継続した場合、二〇二五年には約三〇万人の介護人材が不足するとの見通しが示されている」[5]と言われています。確かに、外国人介護職の協力により三〇万人の一部は補塡できるかもしれませんが、基本は日本人介護職を増やしていくことが不可欠です。

既述のように鈴木さんや中川さんは、ヘルパー派遣があってこそ在宅介護が継続できていますが、もしかしたら数年後、「ヘルパー派遣ができない」と言われる日が近いかもしれません。なぜなら、現在の稼働しているヘルパーたちが間もなく高齢になり、引退するからです。しかも、後継者と考えられる四〇代の主婦層が非常勤ヘルパーとなる見込みが薄いのです。確かに、施設介護職もかなり不足しているのですが、訪問介護のヘルパー不足はさらに深刻化しています。

全国的データを見る限り[6]、訪問介護のヘルパーの年齢構成は六〇歳以上が約三六％を占め、六五歳以上では、約二〇％となっています(**図3**)。一部のヘルパーは七〇歳を過ぎても働いてはいますが、稼働日数を減らすなど主力メンバーとはなりえません。少なくとも一〇年以内には、約三割程度のヘルパーは引退すると予測されます。しかし、要介護者は増えるばかりです。

筆者は、大阪市のヘルパー事業所の責任者に話を聞くことができました(二〇一九年三月二一日)。

それによると、子育てが落ち着いた四〇代前後の主婦層を新たなヘルパーとして雇用したいが、コンビニエンスストア（コンビニ）や大型ショッピングセンターの仕事の方に人が集まり、雇用が難しいというのです。地域やサービス形態にもよりますが、訪問介護のヘルパーの時給は一時間一二〇〇～一五〇〇円で、掃除や洗濯、買い物などの「生活援助」は時給が安く、入浴介助、排泄介助などの「身体介護」は高めに設定されます。しかし、一人のヘルパーが介護する人数は、一日二、三人程度で、一日の総収入は五〇〇〇円にも満たないそうです。移動時間を考えれば、一日三人が限界です。

しかし、大阪市内のコンビニなどの時給は一〇〇〇円を超えており、四、五時間アルバイトすれば同じ収入になります。ヘルパーは暑い日も寒い日も自転車や車で移動しますが、コンビニでは移動する大変さはありません。

「介護」という仕事に魅力を感じる一部の主婦層はヘルパーの仕事に就きます。しかし、多くの主婦層は、同じ賃金であればヘルパーには就かないのが自然な流れではないかとの話でした。

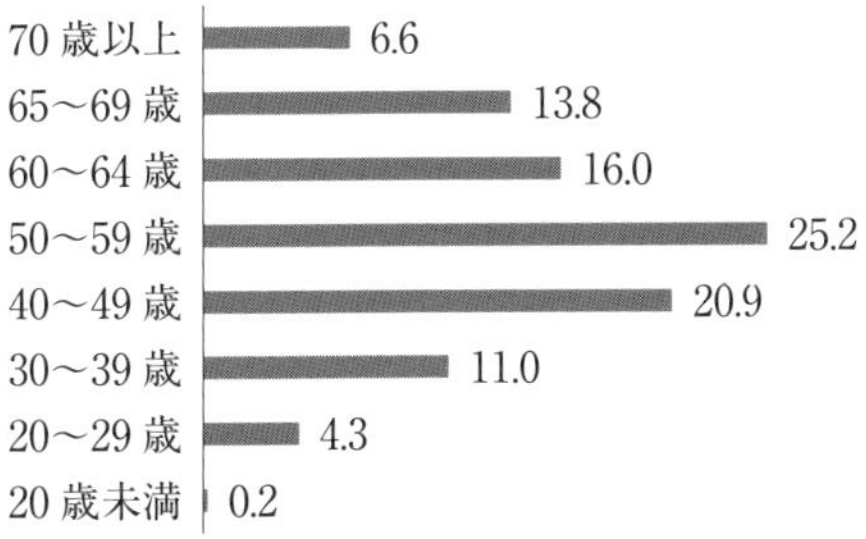

厚労省社会保障審議会介護給付費分科会『介護人材確保対策（参考資料2）』2頁，2017年8月23日より

図3　訪問介護員の年齢構成割合（%）

サービスを利用できない時代に

二〇三五年には団塊世代が全て八五歳を過ぎ、その半数以

上が要介護認定を受けて何らかの介護が必要となる現象が生じます。しかし、その多くの要介護者を支えるだけの介護職を確保できる保障は、現在の動向を見る限り難しいのが実状です。

毎月、介護保険料を支払っている四〇歳以上の方々は、いずれ介護が必要となれば、介護保険サービスを利用して何とか介護生活を乗り切ろうと考えている人が大半でしょう。確かに、現時点では介護職不足によって、サービス利用制限が生じることもありますが、全く利用できないといったことは、一部の離島や中山間地域を除いて見受けられません。しかし、ここ一〇年以内に介護職が確保できないために介護保険サービスが利用できない状態は、全国どこでも起こりうるでしょう。

従来、介護保険サービスが充分に利用できない背景として、介護分野に投入する財源が足りないためという意見だけが多く見られました。しかし、今後、たとえ財源が保障されたとしても、そこで働く介護職が確保されなければ、サービスを利用することはできなくなります。これらは複雑化した雇用情勢も相まって全国的に解決手法が見当たらないのが現実です。

(5)あなたも介護職に殴られるかも

介護施設の虐待件数が増え続ける

介護職が足りなくなると、介護サービスが受けにくくなるだけでなく、介護の「質」の問題が生じることになります。わかりやすい事象として、介護施設における介護職による要介護者への

「虐待」行為が挙げられます。そもそも、加害者となるのが家族であれプロの介護職であれ、「虐待」は、①身体的虐待、②心理的虐待、③性的虐待、④経済的虐待、⑤介護・世話の放棄や放任といった五つに分類できます。

プロである施設介護職が、暴力、暴言、介護放棄など、信じられないと思う読者の方もいるかもしれませんが、それが現実問題となっているのが介護現場なのです。

厚労省の資料によれば、介護職による虐待事例は、二〇〇六年度五四件に対し二〇一七年度五一〇件と九倍以上に達しています。もちろん、高齢者施設も増加しているため、件数が増えることはしかたがないでしょう。しかし、このデータは公式に判断されたもので、明るみに出ていないケースは、この数倍と推察されます。なお参考までに、在宅を中心に親族からの高齢者虐待の被害件数は一・七万件にのぼっています(**表6**)。

そして、介護施設で施設職員が要介護者を虐待して死なせてしまい、「殺人罪」として起訴されるといった最悪の事件が生じていることも忘れてはなりません。

表6　虐待判断件数(件)

	養介護施設従事者等	養護者による高齢者虐待
2017年度	510	17,078
2016年度	452	16,384
2015年度	408	15,976
2014年度	300	15,739
2013年度	221	15,731
2006年度	54	12,569

「厚労省認知症・虐待防止対策推進室資料」2019年4月1日より作成

介護施設における虐待の背景

同じく厚労省の資料によれば(複数回答)、介護施設における虐待の背景としては、「教育・知識・介護技術等に関する問題」が三〇三件(六〇・一%)で最も多く、次いで「職員のストレスや感情コントロールの問題」一三三件（二六・四％）、「倫理観や理念の欠如」が五八件（一一・五％）となっています[7]。

このなかで「教育・知識・介護技術等に関する問題」が多いのは、介護職自身が「虐待」とは認識していない実態があります。例えば、問題行動の高齢者を拘束する（縛る）、認知症高齢者の徘徊のため部屋の外から鍵をかけるなど、これらが「虐待」にあたることを教育されずにいます。その意味では、介護施設側の教育・研修マネジメントにも問題があると考えられます。

これらの背景には、繰りかえしますが慢性的な介護人材不足が大きな問題ともいえるでしょう。一部の介護施設を除いて、人材不足はかなり深刻で、いくら人員を募集しても介護職が集まらず、数少ない応募者のなかで適性に欠ける人材を雇わざるをえません。在宅介護現場と異なり、介護施設の介護職は、必ずしも資格がなくとも働けるため、「仕事がないから、嫌だけど、とりあえず「介護」でもするか！」といった、介護職としてふさわしくない人も一部に雇用されているのです。その意味では、介護施設側の人材確保問題が、適性に欠ける介護職を生んでしまっているといえます。

虐待を防止するポイント

介護施設における「虐待」を防止するためには、介護分野に大幅に公費を投入すると同時に、施設長の組織マネジメントや、職員自身の職業倫理や研修の積み重ねが不可欠になります。

ただし、一部、不適切な介護施設が存在することは認めざるをえないため、利用者の家族も、

「虐待」防止のための対応が求められます。実際、親や配偶者など、介護施設に入所させてしまえば、一部を除いて、年に数回しか面会に行かず、「預けっぱなし」「面会に全く来ない」などといった家族も珍しくはないでしょう。

しかし、身寄りがいない要介護者を除き、家族が定期的に面会に訪れることで、施設職員も緊張感をもって仕事にあたり、「虐待」といった行動を防ぐ一助となります。

また、地元のボランティアなどが、定期的に訪問して、イベントなどを行っている施設は、外部からの目があるので、オープンな環境になり、「虐待」が起こりにくくなります。

介護人材不足の中で介護の「質」が低下している現状を、市民全体が受け止め社会全体で対応していかなければ、安心できる介護サービスを受けることが全国的に不可能となる時代が到来するかもしれません。

注

(1)みずほ情報総研株式会社『特別養護老人ホームの開設状況に関する調査研究』二五～二七頁、平成二八年度老人保健事業推進費等補助金老人保健健康増進等事業、二〇一七年三月。
(2)厚労省『介護保険事業状況報告の概要(平成三〇年一二月暫定版)』二〇一九年三月八日。
(3)総務省統計局『人口推計　二〇一九年(平成三一年)三月報』二〇一九年三月二〇日。
(4)厚労省『「外国人雇用状況」の届出状況まとめ(平成三〇年一〇月末現在)』二〇一九年一月二五日。
(5)厚労省社会保障審議会福祉部会福祉人材確保専門委員会『二〇二五年に向けた介護人材の確保　量

と質の好循環の確立に向けて』一頁、二〇一五年二月二五日。
(6)厚労省社会保障審議会介護給付費分科会『介護人材確保対策(参考資料2)』二頁、二〇一七年八月二三日。
(7)「厚労省認知症・虐待防止対策推進室資料」二〇一九年四月一日。

第二章　どうして介護職は敬遠されるのか——介護職養成の難しさ

(1) 5K職場と言われて久しいが

介護職のイメージ

一般的に「3K職場」とは、「きつい」「きたない」「きけん」と言われています。特に、介護職は、これらに併せて「くらい」「くさい」など「5K職場」と認識されることもあります。介護職は、労働条件が厳しく重労働、排泄介助やオムツ交換など、綺麗なイメージとはかけ離れている、感染症のリスクが高く、腰痛など身体に危険な職業、介護職たちは心身疲れて暗い表情など……「5K職場」として言われる要因なのでしょう。

確かに、このような介護現場は珍しくありません。しかし、「感謝される職業」「一般的に事務職員より給与が高い」「高齢者の生活に寄り添えて心が癒される」など、プラスのイメージも介護職の中では根付いており、決して負のイメージが先行しているわけではありません。

そもそも、職業イメージとは捉える側によって異なるもので、多くの職業ではプラス・マイナスの両イメージが存在するはずです。しかし、とかく「介護職」が慢性的な人材不足もあり、多々ある「職業」のうちトップを争うぐらい社会問題化していることもあって、マイナス部分が焦点化されてしまい、「介護職」のイメージが結果として「悪く」なっていると考えられます。

低賃金の実態

しかも、介護職は「低賃金」というイメージが定着しています。この間、政府も介護職の処遇改善策として、給与に加算する仕組みを講じてきています。一〇年前と比べると、少しずつですが賃金体系は改善されています。しかし、未だ全産業と比べると月給ベースで、約一〇万円の差があるのは事実です（**表7**）。

表 7　介護関連における正社員の月給ベースの実態

	賞与込みの平均月給(万円)	平均年齢(歳)	勤続年数(年)
全産業平均	36.6	41.8	10.7
在宅ヘルパー	26.1	46.9	6.6
介護職(施設系)	27.5	40.8	6.4
ケアマネジャー	31.5	48.0	8.7
看護師	39.9	39.3	7.9
准看護師	33.8	49.0	11.6
医師	102.7	42.1	5.3
理学療法士・作業療法士	33.7	32.7	5.7

厚労省社会保障審議会介護給付費分科会『介護人材の処遇改善について(資料 2)』21 頁，2018 年 9 月 5 日より

そのため、二〇一九年一〇月から消費税引き上げ分（公費）の一部と、介護保険料の引き上げ分（保険料）を併せた、約二〇〇〇億円を財源として、経験のある介護職を中心に給与などの改善を行う「特定処遇改善加算」が実施されます。

しかし、学歴や専門性の違いで賃金差が生じているのですが、同じ介護現場で働く他の専門職（看護師や理学療法士など）の賃金と比べると、依然として介護職の賃金が低い実態は変わりません。

労働経済学的には低くない

もっとも、男女別の平均年収差を考えると、介護職の賃金水準は必ずしも低いとはいえません。国税庁の資料によれば、民間の事業所に勤務している給与所得者の年収ベースでみた場合、一人当たりの平均給与は四二二万円ですが、男女別では男性五二一万円、女性二八〇万円となっています。[1] そして、平均年収に占める平均賞与額は一人当たり六五万円で、男性八三万円、女性三八万円となっています。

介護職は圧倒的に女性が占める割合が高く、夜勤手当や専門職手当などが含まれることもあって、女性の介護職に関しては、女性の給与所得者の平均年収に比べると、約三〇万円は高いといえます。

もっとも、男性にとっては全産業と比べると介護職の年収はかなりの差があり、一家を支えるとしたら、高い方ではないといえるかもしれません。

(2) 定員割れが続く介護福祉士の養成学校

閉鎖していく介護専門学校

介護職の資格は、大きく分けて二カ月程度の講習を受講することで得られる資格の「介護職員初任者研修修了(旧ヘルパー二級)」と、それらの上級資格である「介護福祉士国家資格」です。

なお、介護施設では、資格がなくとも介護職として雇用されれば、そのままプロの介護職として

表8　介護福祉士養成施設の定員充足状況の推移

	2013年度	2014年度	2015年度	2016年度	2017年度	2018年度
養成校数	378	377	376	377	372	365
定員数	18,861	18,041	17,769	16,704	15,891	15,506
入学者数	13,090	10,392	8,884	7,752	7,258	6,856
入学者数のうち外国人留学生数	—	17	94	257	591	1,142
定員充足率	69.4%	57.6%	50.0%	46.4%	45.7%	44.2%

公益社団法人日本介護福祉士養成施設協会『介養協News速報(30 No. 2)(通巻27)』2018年10月12日より

働くことができます。つまり、無資格の施設介護職もいるということです。

しかし、在宅介護のヘルパー業務は、掃除や洗濯、買い物などの生活援助といったケアを除けば、「介護職員初任者研修修了」の資格を有していないとプロの介護職として働くことはできません。

介護福祉士国家資格を有するには、いくつかのルートがありますが、①介護福祉士養成学校で二年以上学び国家試験に合格する、②三年以上介護現場で介護職に従事して規定の講習を受け国家試験に合格する。以上、例外はあるものの大きく二種類となっています。

高校生や若い世代が介護福祉士国家資格を取得するには、二年間の介護福祉士養成学校(専門学校もしくは短大)もしくは介護系四年制大学で学び、国家試験に合格するルートを選ぶのが効率的なのですが、**表8**からもわかるように年々、介護福祉士養成学校の入学者は減少傾向にあります。学校が高校生や若者を募集しても、少子化も伴って、学生が集まらず、やむなく閉校にしているのが実態です。

親も高校教師も勧めないイメージの悪さ

筆者は、進路指導担当の高校教師や保護者の方々とも意見交換する機会が多々あります。「福祉や介護は、給与が安いのでしょうか？　実際、介護現場は重労働で働くのに大変なのでしょうね」といった質問が寄せられます。「あまり福祉及び介護系は高校生に勧められません。むしろ、看護系は給与水準が高いので人気学部となっています。保護者の方も福祉や介護系に進むよりは、看護系に進む方を望んでいるのが実態です」といった率直な意見を述べてくれる進路指導の先生もいます。

確かに、毎回、出張講義においては筆者の授業に参加してくれる高校生の人数は、隣接教室の経済学部、法学部、理学部、看護系学部の模擬授業クラスと比べて、かなり少ないのが実情です。

定員割れ五〇％以下の常識

養成学校の定員充足率が、二〇一六年度以降、五割を下回り続けていることは、介護関係者にとって衝撃的な事実として受け止められています。つまり、高校生を中心に若い世代にとって介護職という進路は魅力のない選択肢として徐々に浸透しているということです。

また、注目すべきデータとしては、介護福祉士養成学校の入学者に占める外国人の学生の割合が高くなっており、二〇一八年度は一一四二人で、全入学者の一六・七％を占めています[2]。

筆者の研究者仲間でも短大の介護福祉士養成学校で勤務している者もおり、定員割れがあたりまえの養成学校において、外国人留学生を獲得することは短大存続の生命線ともいえると話してくれたのを思い出します。実際、介護福祉士養成学校を卒業した外国人留学生は、介護職に就けば就労ビザを長期的に取得でき、日本で一定期間の雇用が法律上認められています。そのため、東南アジアを中心に、介護福祉士養成学校へ留学を促すビジネスも存在しています。

日本人の入学者が減少し続けている養成学校にとって、外国人留学生の需要に注目しているのが実態なのです。

注

（1）国税庁長官官房企画課『平成二八年分民間給与実態統計調査』一三頁、二〇一七年九月。

（2）公益社団法人日本介護福祉士養成施設協会『介養協Ｎｅｗｓ速報（30 No. 2）（通巻一一七）』二〇一八年一〇月一二日。

第三章　なぜ辞めてしまうのか

(1)全産業を上回る離職率

三年未満で辞めていく

介護人材不足問題として「確保」と「離職」といった論点を挙げることができます。「確保」とは介護の仕事に新たに就いてもらうという視点で、高校、短大・専門学校、大学などの新卒者に、いかに介護の「魅力」を伝え、他分野に人材が流れないようにするか、方策を考えていくことです。また、他分野の仕事に就いている者に、何らかのきっかけで「介護」の仕事に就いてもらうという側面(転職)も重視されます。

いっぽう「離職」では、せっかく「介護」の仕事に就いたにもかかわらず、結果的に介護の仕事を辞めてしまう「介護離職率」に注目します。なお、一般的に「離職率」とは、例えば、その業界に一年間に一〇〇人が入職して二〇人退職したら、離職率二〇%となります。

介護労働安定センター『平成二九年度「介護労働実態調査」の結果』によれば、訪問ヘルパー及び介護施設職員の一年間(二〇一六年一〇月一日から二〇一七年九月三〇日まで)の「離職率」は一六・二%でした。

なお、二〇一七年度の介護職の離職率は一六・七％であったのに対し、全産業では一五・〇％(二〇一五年)となっています。[1] それら離職した者の勤続年数は「一年未満の者」が三八・八％、「一年以上三年未満の者」が二六・四％と両者を合計すると六五・二％になり、「三年以上の者」は、三四・九％でした。[2] つまり、介護離職者の六割以上が、わずか「三年未満」で辞めているのです。

夜勤などの重労働

筆者は、福祉系大学を卒業して特別養護老人ホームで働く二〇代前半の施設介護職たちに話を聞くことができました(二〇一八年一一月六日)。基本的に特別養護老人ホームに限らず、介護施設の勤務体制は「二交替制」と「三交替制」に分類されます。二交替制とは、「日勤(朝から夕方までの八時間勤務)」と「夜勤(夕方から朝までの一六時間勤務)」の二つのシフトで勤務します。日勤には早番(勤務開始時間が早い。例：七時〜一六時)もしくは遅番(勤務開始時間が遅い。例：一一時〜二〇時)も含まれます。三交替制は「早番を含む日勤」と「遅番」、「夜勤(二二時〜翌七時までの八時間勤務)」の三つのシフトで勤務します。なお、「二交替制」よりも「三交替制」のシフトのほうが、夜勤の拘束時間が短くなるため、子育て中の職員たちは好む傾向にあるようです。しかし、「三交替制」を用いている介護施設は、どちらかといえば少数派だそうです。

話を聞いた彼女たちは、「二交替制」の勤務体制でした。「二交替制」の夜勤は、夕方、出勤して介護業務に携わり、夜中の一時〜三時ぐらいに仮眠をとり、次の朝九時もしくは一〇時まで働き退社します。翌日は公休というのが一般的な勤務体制です。なお、介護施設によって異なりますが、夜勤一回につき五〇〇〇〜八〇〇〇円の手当がつきます。

しかし、人手不足の介護施設では夜勤明けの翌日、公休がとれず、出勤ということが続く職場も少なくないそうで、インタビューした施設介護職の友人が働く別の介護施設では、そのような条件の悪い勤務体制であると話してくれました。

彼女たちは、風邪をひいて夜勤ができない職員の替わりに、急遽夜勤明けの翌日に出勤したことが一年半の勤務期間を通して一回だけあったそうです。しかし、原則、夜勤明けの公休は堅持されているそうでした。

ただし、土日といった定期的な休みが固定されておらず、いくら週休二日制が堅持されているとはいえ、休みが平日などの不定期になると、会社員の友人たちと日程を合わせづらいそうです。また、付き合う「彼氏」の理解がないと恋愛も難しいということでした。

しかも、夜勤帯は二〇人の要介護者を一人の施設介護職がケアしなければなりません。要介護者は寝ているとはいえ、夜中にナースコールでの呼び出しや、必要に応じてオムツ交換や寝返りの介助など、二〇人を一人で介護するのは、「介護事故」という不安を抱きながら業務を遂行するので心身ともに疲れるということでした。

また、子育て中の三〇〜四〇代の女性の介護職は、仕事と子育ての両立が難しいと考え、育児退職する人も珍しくないそうです。このことは病院で働く女性看護師たちとも共通した背景といえるでしょう。

希望して介護職になったのに

また、五年で訪問介護ヘルパーを辞めた二三歳の女性に話を聞くことができました(二〇一八年一二月一六日)。彼女は、普段から祖父・祖母と話すことが好きだったので、高校三年生のときに、介護は自分にあった仕事だと思い、卒業後、正社員の求人募集をしていた訪問介護事業所に就職しました。

彼女の日課は、朝六時半に起床して八時に事業所へ出社。八時半から要介護者宅に出かけ、五名前後の要介護者のケアに入ります。そして、一九時に事業所へ戻り事務処理をこなして一九時半から二〇時に退社ということでした。ほぼ毎日、このようなスケジュールでしたが、週一回程度一八時に退社できる日もあり、休みは週休二日制で月八、九回と不規則だったそうです。しかし、緊急に非常勤ヘルパーが休む時には、替わりにケアに入り、休みがなくなることもありました。しかも、週一回は二四時間対応可能な携帯電話を持たなければならず、勤務外でも電話がかかれば、現場に駆け付けなければならないため精神的に休まらなかったとのことでした。また、サービス残業も月数回あったようです。

半数は辞めてしまう

彼女が働いていた訪問介護事業所は、介護業界では大きな事業所であったため同期入社が約二〇名いました。しかし、五年間で半分の一〇名が退職して、他の仕事に転職、もしくは自宅で「無職」のままではないかというのです。

退職した一〇名のうち二、三人は、職場の人間関係や労働環境の問題で退職し、精神的に病んでしまったそうです。その他、工事現場の作業員に転職した男性もいました。建設業なども人手不足であり、ヘルパー時の月給ベースで二倍以上の給与になることから生活を考えて転職したというのです。また、派遣社員として、事務員に転職した女性もいたそうです。

なお、勤務五年目の彼女の給与は、毎月、手取り二四万円（政府による介護職員への給与補助となる「介護職員処遇改善加算分」を含む）、ボーナスは、年間二・〇カ月、手取り四八万円でした。有給休暇はありましたが五年間で一週間程度取得しただけでした。なお、賞与は事業所の業績が良好であれば年間三・〇カ月となる場合もある仕組みで、五年間で一回だけ三・〇カ月だったそうです。

（2）介護職が辞める要因

人間関係が一番の要因

介護職が辞めてしまう理由は、賃金問題だけではなく「職場の人間関係」「法人・事業所の理念」が合わないといった精神的な側面が上位となっています（**図4**）。もちろん、介護職は女性の割合が男性より高い職場ですから、結婚や出産で辞めてしまうケースも多いことは事実です。

その中で、筆者は「法人や施設・事業所の理念や運営のあり方に不満があったため」という理由に注目すべきと思います。実際、「人間関係」の問題は、介護現場に限らず全産業の職場で大

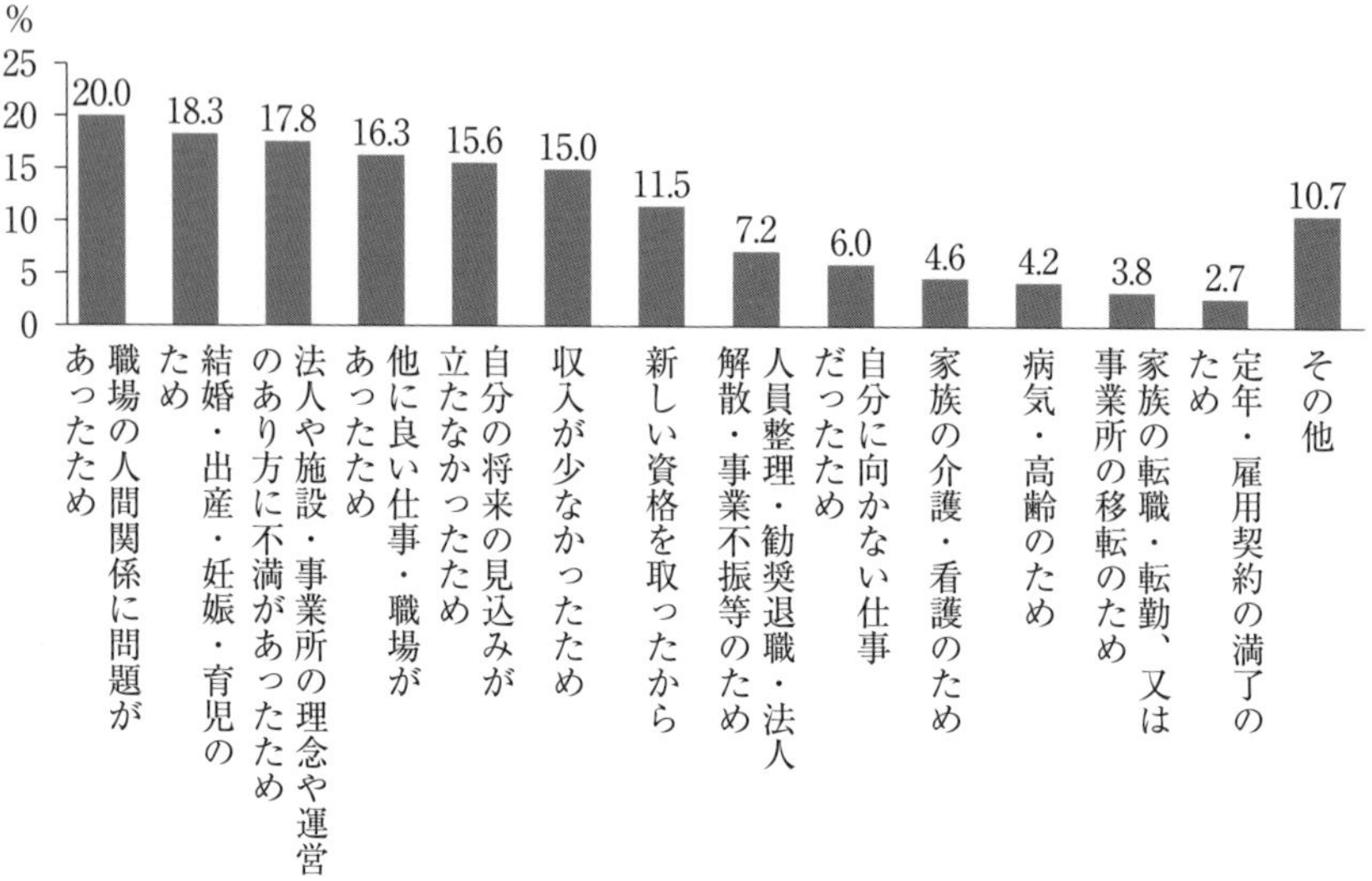

(公)介護労働安定センター『平成29年度「介護労働実態調査」の結果』2018年8月3日より

図4　前職が介護職で辞めた理由(複数回答)

きな課題となっていますので、当然といえば当然かもしれません。

なお、本書では中間管理職を、介護施設内で職員をマネジメントする介護課長や主任といった役割、「出勤日のシフトづくり」「新人職員の研修指導」「残業手当等の判断」「有給休暇を与える判断」のできる職と定義します。また、中間管理職の上司となる者を、介護施設長(施設長)、事業所長といった管理者として規定したいと思います。

組織及び管理体制への不満

施設介護職として働いている、卒業生と話をする機会がありました(二〇一九年三月二六日)。卒業して二年目の若者ですが、上司である介護課長と「介護」に対する考え方が合わないので、今の施設を辞めたいというのです。周りの先輩職員も同じ意見で、介護課長の「介護理念」が組織優先的・管理的で、要介護者の「自立」を尊重した介護に積極的ではないということでした。

例えば、車いすながらも自力で「排尿」ができる可能性がある要介護者において、オムツを使用するか否かの支援方針が合いません。人数が限られた職員配置ですが、「非常勤の介護職を一人増やしてくれれば、オムツを使用しない「介護」ができるかも」という提案に対して、介護課長は施設長との予算折衝が面倒なためか、現場職員の声を施設長にあげることをしません。介護課長が何も動かず、組織優先的・管理的な「介護」が続く職場環境に「希望」が持てなくなり辞めるというのです。

実際、このような「介護観」の違いから、現場の介護職同士にも、「介護課長派」と「現状打開派」といった人間関係の溝が広がり、ギクシャクしていくことがあります。つまり介護現場における人間関係の問題は、「法人や施設・事業所の理念や運営のあり方に不満」といった問題に大きく関連していきます。

なお、現介護職の三割以上が前職も介護職であったというデータから、[3]離職した者のうち他分野に転職したのではなく、介護事業所を替えたに過ぎない者も一定割合いることがわかります。

介護職は殴られる

筆者は、これまで多くの卒業生を介護職として現場に送り出しています。彼(女)らとの話の中で、「介護職に就いてもっとも苦労することは?」と聞くと、前述のように「人間関係で悩む」

という回答が多く返ってきます。次に挙げられるのが「認知症高齢者の対応」だと言うのです。当然、プロの介護職として接するので、「認知症」高齢者の対応は想定済みですが、やはり実際のケアに当たると、「殴られる」「暴言を浴びせられる」「噛まれる」など、心身ともに被害に遭うことがあります。

もちろん、被害に遭わないようにかわす技術を体得していきますが、排泄介助中に、急に殴られる、また、食事介助中に暴れだして、瞬時のことでかわすことができない場面も多々あります。認知症という病気であり、しかたがないとわかっていても、実際に、殴られたり、噛まれたりすると、プロの介護職といえども、要介護者に恐怖、不安や怒りを抱くことも正直な気持ちだと言うのです。

確かに、穏やかにする、問題行動を生じさせない「介護」技術によって、これらの問題は、多少、防げるかもしれません。しかし、いくら介護職が努力しても問題行動に発展する認知症高齢者はいるため、介護職の心身の負担が重くなるのは避けられません。

施設側は、認知症・精神疾患に関する治療の確認プロセスが必要な場合を除いて、介護職への暴言、暴力について要介護者の家族へ報告することは、余程のことでなければ、ほとんどしていません。介護職からの暴力は大きな問題にされますが、要介護者からの暴力はあまり取沙汰されていないのが現状です。

(3) 利用者からのパワハラで心が折れる

品質まで要求され、お小言

約一五年前に筆者がケアマネジャーの仕事に就いていた時に、ヘルパーから相談されたことがありました。独り暮らしの工藤敏子さん(仮名)は、八五歳で、要介護1でしたが、頭脳明晰でしっかりとしていました。週二回、生活援助の訪問介護サービスを利用していました。主なサービスは買物支援、掃除、洗濯などでした。

あるときヘルパーは、筆者に「工藤さんの定期的な「小言」に耐えられない、担当を替えてくれないか」と頼んできました。工藤さんは、歩行困難であるものの、自炊ができる程度の身体状況でしたが、牛乳や米、小麦粉など重い物を買いにいくことが大変なので、買物をヘルパーに依頼していたのです。自宅から近くのスーパーまで、徒歩で片道一五分ぐらいかかる距離だったので、介護保険サービスを利用することに問題はありませんでした。

肉や魚、野菜などといった食品類の購入もヘルパーに頼んでいたのですが、工藤さんから「肉はもっと赤味のあるものを選んで。魚は大きめの。野菜は色が鮮明なもの……あなたも主婦なのだから、スーパーの品選びはできるでしょう。値段が同じでも、品々は微妙に違い、それを見分けるのが主婦の技だから」と、「小言」を言われることが、しばしばあったそうです。そのヘルパーは三〇代前半の独身女性でしたが、これ以上、担当ヘルパーを続けることはできないと筆者に訴えたのでした。

そして、六〇代の別のヘルパーに替えることになりました。その後は、多少の不満もあったようでしたが、工藤さんもヘルパーに来てもらわないと困ると考えたのか、「小言」はおさまりました。ただし、残念なことに、その三〇代のヘルパーは風の噂によれば、コンビニのバイトに転職したそうです。

このように介護ニーズには個人差があるため、要介護者の理解が得られなければ、苦情や文句としてヘルパーらにあたることがあります。

命令口調の利用者

明らかに利用者による「パワハラ」とも思える事例も介護現場では珍しくありません。例えば、ヘルパーや施設介護職に対し、命令口調で利用者が接するケースです。ある介護施設では、重度の要介護者が「水を持ってこい！　オムツ交換が下手だ！　薬は飲まない！」など、時々、施設介護職に対して厳しい対応をするケースを聞くことがあります。確かに、認知症といった病気ではなくとも、寂しさなどから情緒的に安定しない要因があるのかもしれませんが、やはり要介護者の厳しい言葉によって、介護職も心身ともに疲れてしまいます。

実際、要介護者の中には「やってもらう」ことが、あたりまえという者も少なくありません。もちろん、優しい要介護者も多くいますが、このような理不尽な要介護者が一部でもいると、介護職のモチベーションが下がるのは当然でしょう。

しかも、要介護者の家族も、かなり威圧的な対応をする者もいます。在宅の要介護者は家族と同居しているケースもあり、ヘルパーが訪問して入浴介助やオムツ交換をすると「もう少し上手にできないの。もっと機敏に介助してください。あなたは「プロ」でしょう……」といったように、同居家族からの圧力を感じるヘルパーもいるようです。

(4)セクハラ被害が深刻

言葉によるセクハラ

要介護者から「セクハラ」被害を受けて、介護職を辞めた元ヘルパーから話を聞くことができました(二〇一九年三月二五日)。当時、二一歳だった高橋純子さん(仮名)は介護系専門学校を卒業し、訪問介護事業所に勤めて二年目の頃でした。

加害者であった男性は六一歳の要介護者で、脳梗塞で車いす状態の介護生活をおくっていました。自力では歩行も車いすからの移乗も困難であるため週二回、入浴介助と身の回りの支援をすることがヘルパーの介助内容でした。入浴介助のとき「ヘルパーさんは、彼氏がいるのでしょう？　週何回セックスするの？　彼氏にも体を洗ってあげるの？」と、話しかけられました。はじめは高橋さんも、受け流そうと無視していたのですが、毎回、入浴介助するたびに話しかけられるので、精神的に落ち込むようになりました。

度重なる言葉による「セクハラ」行為に、二一歳という若さもあり介護の仕事に疑問を持つようになっていったようです。

同居家族がセクハラ行為

在宅の介護現場では、要介護者だけでなく同居家族による「セクハラ」行為も珍しくありません。例えば、最近、パラサイト介護といって、八五歳の要介護者と五五歳の無職の息子が同居しているなどの二人世帯の家族が以前よりも増えてきました。一応、五五歳の息子は八五歳の母親である要介護者を介護している「家族介護者」という位置づけとなりますが、この息子が「セクハラ」の加害者となるのです。

実際、筆者が現場で働いていた時期に、派遣を依頼したヘルパーに起こったことです。その息子は、毎週、母親の介助に来る三〇代後半の女性ヘルパーに、「今度、よかったら、食事に行きませんか？　ヘルパーさん、優しくて、母親の面倒を看てくれて有難いから」と、頻繁に誘うのです。しかも、ヘルパーが仕事をしていると自然と近寄ってきて、身体接触を試みようとするのです。

ヘルパーは要介護者の介助よりも、その息子の対応に疲れてしまい、「いつか、どこかで待ち伏せされるかも？」といった恐怖心が芽生えたそうです。

結局、筆者がその息子と要介護者である母親に「息子さんの対応が社会的によろしくないので、ヘルパー派遣はできなくなるかも。気を付けるようにしてください」と話して、かなり険悪な雰囲気になったのですが、替わりに六〇代ヘルパーを派遣することで落ちつきました。

介護施設内での常習犯

介護施設に勤務して三年目の二六歳の井上幸子さん(仮名)は、一部の男性要介護者に限りましたが、介助中に「胸」や「お尻」を触られることがあったそうです(二〇一八年五月一五日)。特に、入職した当時は、触られる回数が多く、働く前から話には聞いていたので驚くことはなかったのですが、どうしても「かわそう」としても、介助中に触られると防ぎきれない場面も多々ありました。先輩職員に相談すると、「あの要介護者は若い介護職には、必ず「セクハラ」行為をするから、気をつけながら「介助」してね」と、言われたとのことでした。

加害者である要介護者は、ほぼ寝たきりでしたが、腕は自由に動かすことができ、しかも、口数は少なく普段は無口な高齢者だったそうです。井上さんとしても寝たきりに近い高齢者の世話をする介護職として、一種のやりがいを感じて仕事を始めたのですが、このような経験によって複雑な思いになっていったようです。

ただし、現在は、何とか自分で「かわす」技術も身につけ、多少、「お尻」程度触られても、気にせず早く介助を済ませて、その場を立ち去る「技」を覚えたので、現在も何とか仕事を続けていけるということでした。

男性介護職も被害に

セクハラ被害は、男性介護職にもあります。セクハラは、被害者がそう感じたときに問題として認識されるものであり、同じ行為を受けても男女の差で、セクハラと感じるか否かが違ってくると考えられます。しかし、事例としてはないわけではありません。

筆者が関わったケースで、担当だった認知症の女性要介護者が介護施設に入所したのですが、しばらくして施設側から相談を受けたことを思い出します。「先日、入所した女性の方ですが、特定の若い男性介護職につきまとい「抱きつく」「キスを求める」など、「性的」対象としているようです。彼が困っているので、何かアドバイスはないですか」といった内容でした。

在宅介護生活時は、全て女性ヘルパーが対応しており、筆者もそのような相談は今までなかったので、あまり参考となるアドバイスができなかったことを思いだします。結局、介護施設側は、担当の介護職を女性にして、様子を見ることで、その後の連絡は来ませんでした。

このように介護現場での「ハラスメント」は珍しいことではありません。厚労省も『介護現場におけるハラスメント対策マニュアル』[4]を作成し、各自治体に対して「貴管内の介護事業者、市町村、関係団体、関係機関等に対して周知いただくなど、介護事業者において、介護現場におけるハラスメント対策が進むようご協力をお願いいたします[5]」と協力を依頼しています。

同僚職員によるセクハラ

介護施設などでは同僚の男性職員が女性職員に「セクハラ」行為をするケースもあります。特に、夜勤帯はフロアーに二人だけで業務をしているので、男性職員が「馴れ馴れしく」女性の肩を触ったり、食事に誘ったりするなど、女性職員が「不快」に思う経験をすることがあります。

特に男性介護職の中には、四〇歳を過ぎて転職してくることも珍しくなく、確かに、優秀な転職組の介護職もいますが、一部では、他業界では勤まらず「とりあえず介護の仕事でもするか」といった、安易な気持ちで介護の仕事に転職してくる者もいます。

既述のように、慢性的な人手不足の介護労働の現場では、無資格でも仕事に就けるため、どんな人物でも雇われてしまうのです。一部、社会的に変わった人が介護職として仕事に就いていることがあります。介護施設側も妙な人材だと認識しつつも、人手不足なので雇ってしまうのです。

(5)中間管理職による二次的被害

間違った専門性の概念

上司である中間管理職のなかには、要介護者からの「パワハラ」「セクハラ」を軽視している人もいます。その意味では、介護職たちは「パワハラ」「セクハラ」の「二次的被害」に遭っているといると言っても、過言ではないでしょう。

例えば、ヘルパーが利用者から「パワハラ」被害を受けていると、上司に相談したとします。本来であれば、相談を受けた上司は直ぐに対応しなければならないのですが、「しばらく様子を見よう」とする者も少なくないのです。

確かに、明らかな「パワハラ」「セクハラ」であれば直ぐに対応するかもしれませんが、常時、

「小言」を言われる程度の利用者からの圧力に対しては、「誰でも「小言」を言われてプロのヘルパーとして成長するのだから、軽く聞き流すぐらいの気持ちでいればいいのよ！」といった受け応えをする上司も多く、相談したヘルパーを「まだまだ成長していない」と、心の中で思っているのです。

しかし、精神的に苦痛を受けたヘルパーは、せっかく上司に相談しても、自分の「辛さ」をわかってもらえず、逆にプロとして「未熟」であるような応対を上司からされたとしたら、「自分はヘルパーとして適さない」もしくは「転職したほうがいい」と感じてしまうのが、現在の若手(成りたて)ヘルパーに多いのです。このような上司は意識せずに「二次的加害者」となり、介護職が仕事を辞めるきっかけともなります。

触られるうちが「華」

また、介護施設で要介護者から「胸」や「お尻」を触られるのが嫌で、若い施設介護職が上司である介護課長や主任に「担当を替えてもらえないか」といった相談をした場合、時代錯誤的な意識を持つ上司がいます。これも「セクハラ」問題において、「二次的加害者」となる対応といえるでしょう。

例えば、「あの男性要介護者は、必ず、若い介護職をターゲットに触る「癖」があるけど、中年の私には触ってこない。その意味では、触られるうちが「華」かもしれない。プロの介護職は、一部の要介護者に触られ、徐々に「かわし方」を覚えていくものだから、自分なりに「拒否」の技を考えてみて。私も、若い時は触られたけど、徐々に「かわし方」を身につけたものよ。相手は寝たきりの高齢者だからね」といった受け応えをする女性の介護課長が存在するのです。

確かに、四〇代前後から六〇代の介護課長である上司が若い頃の二〇～三〇年前は、要介護者からの「セクハラ」といった概念は存在せず、触ってくる要介護者を「エロ爺さん」「さわり魔」といった感覚で受け止めていました。そのため、触られるのも「プロ」、という介護職の関門のような感覚で認識されていた時代がありました。

パワハラやセクハラ意識が希薄なまま

しかし、ここ一〇年ぐらいで、徐々に「パワハラ」「セクハラ」といった概念が介護現場にも浸透し、介護職が「不快」と感じれば、たとえ要介護者であっても「セクハラ」被害として社会では認識され、それらに対して上司らは適切な対応をしなければならない時代になっています。

ただ、上司である介護課長及び主任、もしくは施設長や事業所長らの多くは、「パワハラ」「セクハラ」についての研修をきちんと受けたことがなく、部下が受ける「被害」について鈍感であることは否めません。長年、介護現場で働いてきた四〇～六〇代の上司らの多くは、一部を除いて時代の変化についていけていないのが実態です。

要介護者やその家族が「パワハラ」「セクハラ」の加害者として問題が露呈した際、上司である中間管理職たちが被害を受けた介護職の話を充分に聞き、迅速に対処することが重要だと考えます。また、「「かわす」のも対人技術の一環である」といった認識は間違いであることを、介護事業所全体で認識しておく必要があります。

認知症や精神疾患のケース

適切な判断ができない要介護者が、「セクハラ」「パワハラ」とも受け取れる行動にいたった場合がよくあります。例えば、重度の認知症高齢者が昔の恋人と施設介護職を間違って、抱きついたり身体を触ったりと悪気はないのは事実です。しかし、病気とはわかっていても頻繁に被害に遭うと職員も、心身ともに疲れ果てていきます。

また、前述のように、問題行動のある認知症高齢者から「殴られたり」「噛まれたり」といった被害を受けるケースもあります。

しかし、このような病気による「パワハラ」「セクハラ」とも受け取れる行動であっても、直ぐに上司である介護課長が、医療スタッフたちと相談する、場合によっては医療機関による「治療」を含めた支援体制をつくるなど、介護職個人にだけ責任を押し付けず、組織で対応することが重要です。

中間管理職は、被害に遭った職員に対して、「介助中でも「隙」を与えないように、被害に遭わないように自分でもしっかり気をつけるのよ」といったように「二次的加害者」となりうる対応ではなく、「問題行動のある認知症高齢者に対してはカンファレンスなどで対応をしっかり協議しましょう」と、寄り添いながら精神的な支えになるのが適切です。

実際、筆者は、「二次的加害者」となる上司のほうが、要介護者などによる「一次的加害者」

よりも問題視する必要があると思います。

(6)昔なら鍛える、今ならパワハラ！

OJTが曖昧な介護現場

若手の介護職を指導・養成する介護課長や主任クラスの先輩職員たちの不適切な対応で、介護職の「魅力」を大きく減退させているとも考えられます。

例えば、新人施設介護職に対して、「オムツ交換」「食事介助」「シーツ交換」「服薬管理」「入浴介助」など、初歩的な介護技術を教える際、しっかりとした「OJT(On the Job Training)」が確立されてない介護現場が多いようです。

いわば指導担当者の「属人的」な手法・教育法で、新人教育を行っている介護現場が多く、若い介護職に強い口調で指導・養成している指導者がいることをよく耳にします。中間管理職たちはいじめたり、怒鳴ったりしているつもりはないのでしょうが、若い介護職たちからは良い印象を持たれていないケースが多々見られます。

「背中を見て仕事を覚える」は古い

これは中間管理職たちが就職した二〇～三〇年前と現在の、時代的な背景差が大きいと考えられます。現在の中間管理職である介護職たちは、介護人材の「確保」が深刻化する以前に採用された者が多く、当時は「厳しく指導」された傾向にあります。例えば、覚えの悪い若い介護職に対して「いくら言ってもわからないわね！」「何で覚えが悪いの！」「新人は「先輩」の姿を見ながら黙って技術を盗むものよ！」「全く近頃の若い者は、挨拶もしないで社会常識がない」といった感じで、強い口調で叱る指導者が多くいました。

介護保険制度が二〇〇〇年に始まるのですが、多くの中間管理職が介護業界に入職した一九九五～二〇〇〇年代初頭にかけて、福祉系職種の有効求人倍率は〇・三から〇・五倍であり、また介護事業所によっては厳格な採用試験が実施されることも多く、その倍率も二～三倍といったプロセスを経て入職する介護職が大半でした。

しかし、中間管理職の新人時代の養成・指導は、今では一部「いじめ」「パワハラ」といえるでしょう。

(7)ブラック介護現場の要因

目先の業務に追われる

現在、全産業において「ブラック企業」といった労働環境が社会問題視されています。介護現場も「ブラック企業」と呼ばれる職場は少なくありません。これまでの卒業生の相談事例や多くの介護関係者の話を基に、筆者は介護職の離職を助長させる要因を分類してみました（**表9**）。

特に、在宅系・施設系介護現場では、人員配置ギリギリの環境で介護業務が遂行されている場

表9　介護離職を助長させる不適切な中間管理職類型

	具体的な事象
労務法規の理解不足型	試用期間が過ぎても新人介護職に全く有給休暇を認めない
	サービス残業を平然とさせて，残業手当をつけることに消極的
	腰痛の発症や，認知症高齢者に殴られるなどの被害に遭っても，介護職の対応に問題があると認識する管理職（労災対応を無視）
体育会系指導・養成型	強い口調で指導・養成・指示
	先輩の「姿」を盗むのが新人の責務といった指導・養成
	新人と先輩といったように無意識に階層化する対応
パワハラ無意識型	全体会合で「新人の失敗」事例を挙げて注意喚起させる対応
	ミスをしてしまった後，暫く口を利かずに機嫌が悪い
感情起伏型	機嫌の良し悪しで，対応が異なり指示に一貫性がない
	お気に入りかどうか，異性か同性かで対応が異なる（不平等対応）

合が多く、中間管理職たちは二四時間体制の介護サービスを提供するため、施設介護職やヘルパーたちの「出勤・休日・早番・遅番・夜勤」などの「シフト」を組むことが重要な職務となっています。そして、目先のシフト作りに追われてしまい、新人介護職の養成・育成を忘れがちになり、その「介護業務に対するモチベーション」を維持させる試みすら希薄化してしまう者も少なくありません。

中間管理職の中には、「新人時代、私もそうだったから」と、新人職員に有給休暇を取らせることは慣例的に早すぎる、といった時代錯誤的な考えを持っている者がいて、有給休暇の取得を安易に認めないケースがあります。

若い介護職に限らず有給休暇の取得を認めるか否かを迷った場合でも、その理由を「詳細」に聞いて判断する中間管理職もいます。しかも、勤務「シフト」を組む際、「新人」よりも「先輩職員」

の休暇を優先させるといった体育会的な発想を抱いている者も未だにいます。

サービス残業はあたりまえ

また、サービス残業などが問題視されています。厚労省北海道労働局がまとめた資料によれば、二〇一七年の介護労働者を雇用している一六〇介護事業所に対しての監督指導の結果、七八・八％の一二六事業所で労働基準関係法令違反の是正・改善を指導したそうです。(6)

一事業所で複数違反も珍しくなく、具体的には①割増賃金の支払に関する事項、七〇件(二四・五%)、②労働時間に関する事項、五七件(一九・九%)、③健康診断の実施に関する事項、四七件(一六・四%)、④賃金台帳の調製・記入に関する事項、二七件(九・四%)、⑤就業規則の作成・届出に関する事項、一九件(六・六%)となっています。

筆者も在宅のケアマネジャーの仕事に従事していた時、連携していたヘルパーから「うちの訪問介護事業所は、ヘルパーが一件目の依頼先から二件目へ移動する時間は、全く賃金が払われません。しかも、時々、事業所へ直に報告に行く際にも賃金が支払われず、サービス残業です」という悩みを聞いたことがあります。

また、施設介護職として働く卒業生から「職員が足りなくて、どうしても残業しなければならず、残業代を申請したものの、半分の時間しか認められなかった」という話を聞いたこともあります。

研修準備もサービス残業

介護事業所主催の研修会において、「残業」が認められないことがあります。例えば、研修会で発表する資料作成などは、勤務時間外にならないと、できないことが多々あります。しかし、多くの中間管理職は自身が若い頃の経験をもとに、介護事業所主催の研修会であっても「自己研鑽」のためと思い込み、職員が勝手に勤務外で作業しているとみなすそうです。

「残業代」を付けるにも、その規定を曖昧にして、結果、「サービス残業」の日々が多くなり、定時に帰れない介護現場は多いです。しかも、規定上「残業代」を申請することになってはいるのですが、「新人介護職」が自ら率先して付けることは難しく、中間管理職が「残業代」を付けるように促さない限り、サービス残業の日々が続くという事態に陥りやすいのです。中間管理職が無意識に「新人は我慢するのが当然」といった姿勢をとることが、「ブラック介護現場」に陥っていく要因にもなります。

労務法規を知らない管理職

他にも「ケア中に認知症高齢者に殴られる施設介護職」「明らかに介護業務による「腰痛」で悩む介護職」などの相談に対して、「労災」の適用を無視する事例なども挙げられます。本来であれば、「労災」の申請が可能であるのに、中間管理職が制度自体の理解が不充分のまま、「腰痛は誰しもが通る道だから、腰痛体操など自分で努力して。私も、自分で腰痛予防に励んでいるから」と、中間管理職固有の価値観で労務法規を無視するケースを聞いたことがあります。

しかし、これら中間管理職が若い時代の二〇～三〇年前と現在とを比べると、社会認識も変化しています。マスコミ報道の影響もあって、有給休暇がとれないことや、長時間労働、サービス残業など問題視されています。管理職がきちんと「労務規定」を理解して、労働環境を健全にしていかなければ、介護職の離職はますます進みます。

注

(1)厚労省社会保障審議会介護給付費分科会『介護人材確保対策(参考資料2)』二〇一七年八月二三日。
(2)(公)介護労働安定センター『平成二九年度「介護労働実態調査」の結果』二〇一八年八月三日。
(3)同前。
(4)株式会社三菱総合研究所『介護現場におけるハラスメント対策マニュアル』平成三〇年度老人保健事業推進費等補助金老人保健健康増進等事業、二〇一九年三月。
(5)厚労省老健局振興課『「介護現場におけるハラスメント対策マニュアル」について』二〇一九年四月一〇日。
(6)厚労省北海道労働局労働基準部監督課『平成二九年に介護労働者を使用する事業場に対して行った監督指導の結果』二〇一八年五月二九日。

第四章　外国人介護職の可能性と限界

(1)人材不足の切り札ではない

外国人で補うという安易な考え

二〇一九年四月一日に改正出入国管理法が施行されました。これまで外国人介護職の受け入れは、①EPA(経済連携協定)、②日本の介護福祉士養成校を卒業した在留資格を持つ外国人の雇用者(いわゆる介護系専門学校等の留学生である卒業生)、③技能実習制度、の三種類でしたが、今回の法改正によって、新たに「特定技能一号」という四つ目の枠組みが設けられました。政府も二〇一八年骨太方針では「即戦力となる外国人材に関し、就労を目的とした新たな在留資格を創設する」として、多くの外国人介護職の活用に積極的な姿勢が窺えます。

なお、本書では日本人と結婚するなど在留資格を有している外国人介護職は論じないことにします。彼(女)らは、原則、日本人と同等に近い権利を有しており「ビザ取得」も問題ないため触れないこととします。また、現在の法令では来日して数年間は、外国人介護職が働ける現場は介護施設が中心となっており、訪問介護のヘルパーとしては働けません。

介護現場の施設長などの経営者の一部は、介護人材不足を外国人で補えないかと、東南アジアへ出向き人材獲得に積極的です。自治体も外国人介護職の受け入れに乗り出し、補助金制度などの創設も活発です[1]。

　筆者も、外国人介護職の受け入れについては、「賛成」の立場です。ベトナムを中心とした「ＥＰＡ（経済連携協定）」に基づく外国人介護職の養成に七年間携わっている経緯から、毎年、ハノイを訪れ来日予定の介護職候補者に授業も行っています（**写真１**）。

　しかし、日本人の介護職が不足しているからといって、外国人で補えば問題が解決するといった考えは安易であることは言うまでもありません。農業、漁業、工場、建設業などを、単純労働の枠組みとして外国人労働力で人材不足を補う施策が講じられています。これらの単純労働の中に「介護」業務も、位置付けられています。

写真１　ハノイで授業をする筆者

　しかし、「介護」業務は、ルーチン的な仕事の流れではないため「日本語能力」が就労には重要となります。高齢者のケアは千差万別であるため、個別の要介護者に応じた介護手法を身につけていかないと、介護の質は低下していきます。

日本語能力に不安

　今後、もっとも受け入れ人数が多く見込まれる「特定技能一号」ルートでは、一定水準の日本語能力で就労が可能となっています。入国前の試験等で「ある程度日常会話ができ、生活に支障がない程度の能力（日本語能力判定テスト）」と、「介護の現場で働く上で必要な日本語能力（介護日本語評価試験）」が確認されるだけです。ＥＰＡ（経済連携協定）に基づくルートでは、現地で研修を受け、日本語能力試験に合格し、入国後、さらに日本語の研修を受けてから就労することになっており、明らかにハードルが低くなっているのです。

受け入れ態勢が不十分

規模の大きな介護施設であれば、外国人介護職を指導する専門のスタッフを配置して、仕事に慣れるまでサポートしながら養成することができます。

しかし、人材不足に悩む多くの介護施設では、これら専門スタッフを配置できるほどの余裕はなく、通常の介護業務に就いている日本人スタッフが、外国人介護職を養成・指導することになります。

日本語が堪能でない外国人に指導するとなると、例えば、「ぬるいお茶」「冷たいお茶」などの違いを理解しないまま介助にあたり、指示の行き違いでかえって日本人スタッフの仕事量が増えてしまいます。

確かに、外国人介護職を雇用することで、人員配置基準を満たすことができ「法令順守」としては問題解決となるでしょう。しかし、それには外国人介護職が一定のスキルを身につけ、現場で一人前として養成・育成されることが条件です。

経済的負担

外国人介護職を雇用する際の費用負担についても忘れてはなりません。彼(女)らが日本で働くプロセスとして、国と国とでの「人」の移動であるため、送り出し機関(外国側の求職の申し込みを監理団体に取り次ぐ団体)と受け入れ監理団体(日本の商工会議所、商工会、中小企業団体、職業訓練法人、公益社団法人又は公益財団法人、または当該法人の目的に介護事業の発展に寄与すること等が含まれる全国的な医療又は介護に従事する事業者から構成される団体など)が媒介に入ります。当然、それらの機関を通して、外国人労働者と介護施設側とでマッチング作業が進められるのですが、事務経費が生じます。また、外国人の日本への渡航費用や簡単な日本語研修費なども必要となります。

筆者も、ベトナムの「技能実習生」の送り出し機関を視察したのですが、多くの実習生たちが自ら五〇万～一〇〇万円もの必要資金を、銀行や親戚筋からの借金で賄い、日本へ渡航するケースを聞きました(二〇一八年八月一三日)。そのため、来日して一年弱の稼ぎを借金返済にあて、残りの一年半で初めて出稼ぎの収入となるようです。つまり、彼(女)らが多額の金銭を送り出し機関に支払うことで、日本で働くことができるのです。

いっぽう「技能実習生」を受け入れたい介護施設側も、一人の実習生につき七〇万円前後の費用を受け入れ監理団体に支払うことで外国人介護職を獲得できるのです。

人が行き来するビジネス

東南アジアの人々には、高齢者を敬うという精神が今でも浸透しており、介護職の資質は充分にあると思います。しかし、彼(女)らに日本の介護現場で活躍してもらうには、経済的な側面は無視できず、それらに関するビジネスとなることも事実です。繰り返しますが、これらの経費は実習生の渡航費用や日本語及び慣習研修などに充てられるのですが、一部、送り出し機関や受け入れ監理団体の運営資金にもなっています。つまり、国際的に人が行き来するということは、多額の経費が必要となり誰かが負担しているということになります。

厚労省資料によれば、二〇一六年度の国内労働者派遣事業における年間売上高が約六・六兆円となっています。仮に、政府の思惑通り年間約七万人の外国人労働者が来日し、多くの業界で働くとなれば、新たな外国人労働者関連の巨大ビジネスとなるのです。日本社会にとって外国人労働者に頼ることも必要でしょうが、社会的コストも忘れてはなりません。

外国人は帰国が前提

ＥＰＡに基づくベトナム人介護職は、三〇〇〇名以上が日本の介護施設で活躍しています。しかし、そのうち、少なくとも約二割の人は既に母国のベトナムに帰国してしまっていると考えられます(2)。

筆者は、その理由を帰国した元ＥＰＡ施設介護職一〇名に聞きました(二〇一八年八月一二日)。「確かに、日本で働くと給与はいいが、母国に帰れば日本語能力が買われ、高い給与の就職先が見つかる」「日本での厳しい生活費を考えると、母国で高収入の仕事に就くほうが、メリットがある」「介護現場には、厳しい中間管理職及び同僚(日本人職員)がいるので精神的に疲れる」というのです。また、「母国を離れて寂しく、厳しい日本人スタッフと働くのに耐えられない」「介護の仕事は腰痛など心身ともに辛いので、続けることが難しい」「自分の結婚や家族のことを考えて、早めに帰国した」といった内容でした。

筆者の印象では、仮に受け入れ側の中間管理職や同僚の日本人スタッフの対応が「優しく」「丁寧」であれば、彼(女)らは、もう数年長く日本で働いたのではないかと思いました。そして、「外国人」といった差別的な印象を抱いている中間管理職も、一部いたように感じられました。なお、ベトナム人介護職の多くは女性で、結婚などを考えると三〇歳前には帰国したいという者が大半ではないかと思います。そのため、日本に永住したい、もしくは長期間働きたい外国人介護職は少ないと考えられます。

やはり中間管理職が鍵

日本社会では生産年齢人口が減少しているため労働力不足が深刻化しています。一部の過疎地域では、働く世代が激減して外国人介護職に「一縷の望み」をかけている介護施設長たちも珍しくはありません。

しかし、筆者が外国人介護職の受け入れに積極的な施設関係者の話を聞くと、前向きなのは施設長や事務長などの経営者が主で、現場の介護課長や主任クラスの意向と一致している例は少ないように感じます。

人手不足から経営危機に陥ることを懸念する層と、介護現場である中間管理職とが意見を一致させなければ、いくら外国人介護職を受け入れても、上手く機能しないと考えられます。そして、要介護者にとっても安心できる介護サービスを受けることができなくなるでしょう。その意味では、日本人であれ外国人であれ、中間管理職の責務は重要となります。

(2)日本が選ばれる国とは限らない

低迷する日本経済

今後、日本の国際競争力を鑑みれば、いつまで日本の為替が諸外国よりも有利であり続けるかは未知数です。例えば、我が国の名目GDPが世界に占める比率の推移を、OECDデータで追って見てみると、バブルがはじけた後の一九九六年時には一五・二％であったのですが、二〇〇五年九・九％、二〇一〇年八・六％、二〇一五年五・九％と低迷し続け、二〇一六年六・五％と前年度をようやく改善しているにすぎません(**図5**)。

この先、日本の国際競争力の持続性を考えれば、必ずしも外国人労働者にとって日本が魅力ある出稼ぎ国である保証はないのです。

確かに、外国人介護職たちの多くは「介護」という職に魅力を感じているものの、「出稼ぎ」といった外貨獲得のために来日する意向のほうが強いはずです。いわば外国人労働者の活用は、日本の国際競争力が維持されることが前提となります。

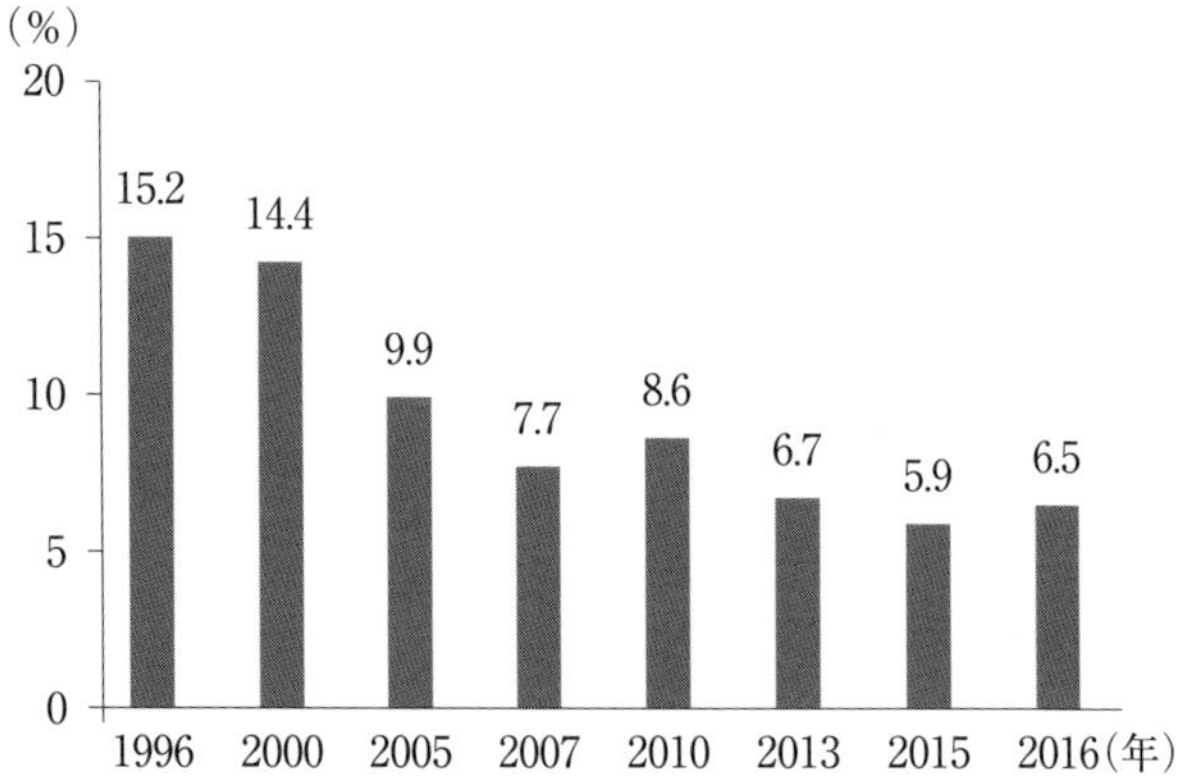

OECD “Annual National Accounts Database” より

図５　世界の名目 GDP に占める日本の比率推移（%）

欧米との人材確保競争

筆者は、ドイツにおけるＥＰＡ枠組み（ドイツとベトナムの二国間協定に基づく制度）で看護師（看護師候補者）を目指すハンさん（仮名）に話を聞くことができました（二〇一九年二月二一日）。

彼女は、一度、日本のＥＰＡ事業に参加して、半年弱、日本の介護施設で働いた経験がありますが、途中で帰国して、改めてドイツのプログラムに参加したそうです。今、ドイツの病院で看護師候補者として働いています。順調にいけば二年弱でドイツの看護師国家試験を受験し、合格すれば、ドイツで長期間働けるとのことです。

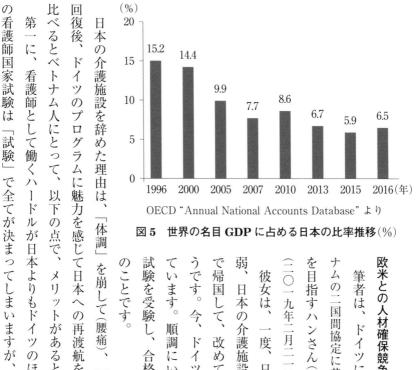

日本の介護施設を辞めた理由は、「体調」を崩して（腰痛）、一時、ベトナムに帰国したものの、回復後、ドイツのプログラムに魅力を感じて日本への再渡航をやめたようです。日本とドイツを比べるとベトナム人にとって、以下の点で、メリットがあると判断したからだそうです。

第一に、看護師として働くハードルが日本よりもドイツのほうが低いと感じたようです。日本の看護師国家試験は「試験」で全てが決まってしまいますが、ドイツでは職業訓練制度も加味されるので、「試験」と併せて職場経験も資格取得の要素に加わっているというのです。

第二に、ドイツでは、長期間の夏季休暇といった「バカンス」という仕組みがあり、日本と比べ、より労働者の権利が守られており、年間に連続して三週間の休暇を取ることができます。そのため、必ず年に一回はベトナムに帰ることが可能だそうです。日本では、夏季休暇といっても七日間ぐらいしか連続で取得できないため、ドイツのほうが働きやすいのです。しかも、ドイツでは「残業」は、できるだけしないように決められており労働環境が明確に守られています。また、日本の介護施設では、先輩が帰らないから退社できないこともありました。先輩職員の動きを見てその場の「空気」感によって、「残業」するかしないかが決まる場合があり、このような「阿吽の呼吸」がよく理解できなかったそうです。また、彼女が働いていた介護施設では、多少のサービス残業もあったようです。

第三に、ドイツでは、多くの国々から介護職や看護師たちが来ているので、外国人でも違和感なく社会で受け入れられる雰囲気があります。日本では、まだ外国人は少ないため、ドイツ社会と比べると日本は居心地が良くないというのです。

第四に、ドイツでは、外国人でも一定期間働いて税金や社会保険料を納めると、それほどハードルが高くなく就労ビザが取得でき、永住も可能だというのです。日本では国家試験に合格しないと働き続けることが難しく、制約が多いです。

最後に、ドイツと日本を比べて外国人が日本で働くメリットは、と聞くと、「アジアという近隣であり、日本の印象がベトナムでは良いぐらいかな」と話してくれました。筆者は、ハンさんの話を聞いてドイツに限らず、フランス、スウェーデン、アメリカなども介護施設における人材不足が深刻で、外国人介護職の受け入れに積極的であることを鑑みて、いずれ日本の大きなライバルになると感じました。

(3)相互の信頼関係づくり

受け入れる環境づくり

介護人材不足の切り札の一つに、外国人たちの労働力に期待する方策は否定しません。しかし、受け入れ側の介護施設がしっかりとした養成・指導を心掛けなければ、日本人と同じように外国人にも敬遠される介護施設になってしまうと考えます。

「外国人だから素直に言うことを聞く。安い賃金で働いてくれる」などといった間違った認識で、外国人介護職を受け入れたならば、せっかく来てもらっても短い期間で帰国してしまい、次からは「口コミ」で外国人介護職が来なくなる介護施設になるでしょう。現在、SNS(ソーシャル・ネットワーキング・サービス)が発達しているため、日本人にはわからない、母国語での書き込み(評価)がされているのが実態です。筆者も、ベトナム人介護職から、「あの施設は就職しないほうがいい」といった書き込みを、ベトナム語を翻訳してもらって読んだことがあります。

また、政府や自治体も日本語研修などを「公共政策」として、介護施設や受け入れ監理団体に任せるだけではなく、公費を用いて積極的に受け入れの環境づくりに取り組むべきと考えます。

ＥＰＡ制度を除いて、介護施設や外国人介護職の経済的負担だけでは、充分な日本語研修は難しいでしょう。

そして、外国人に見合った労働環境を整備することも忘れてはならないでしょう。既述のように、年に一回は二週間以上の休暇を認め、母国に帰国する休暇制度や帰国費を一部補助する仕組みも設けるべきと考えます。

市民側も受け入れる姿勢を

また、仕事以外の生活支援も忘れてはなりません。一定期間、外国人が日本で生活すると、職場以外の生活全般で文化の違いなどに戸惑うことがあります。例えば、ある外国人介護職が自宅アパートで外国人同士の友人たちとパーティーを開き、深夜まで母国語の歌で盛り上がっていたら、近所の住民から怒られ住みづらくなったと聞いたことがあります。このような盛り上がりは、必ずしも外国では珍しいことではありません。他にも「ゴミ・資源」などの分別ゴミの出し方など、住民とトラブルが生じる例も聞いたことがあります。

確かに、日本人でもマナーに欠ける者もいますが、それは日本人個人の対応に任せられる問題です。しかし、来日して間もない外国人においては、一定程度、職場側も事前に日本の生活マナーを認識させていく責務があると考えます。

そして、近隣住民といった一般市民も、外国人居住者に対して単に怒るのではなく、優しくマナーを教えていく姿勢が求められます。外国人を介護現場の人材不足を一時的に補う労働力と見なすのではなく、市民として日本社会で受け入れるといった相互の信頼関係を構築することが重要だと思います。

注

（1）『産経新聞』「千葉知事ベトナム着 介護人材で覚書締結へ 首相と会談も」二〇一九年三月一四日。

（2）筆者の教え子からの情報で、日本に渡航したもののすでにベトナムに帰国している話を基に推計。

第五章　まだ先の介護ロボットとＡＩ技術

(1)介護ロボットの可能性を問う

大半は介護機器

介護人材不足対策の一つに、「ロボット」による介護支援が話題に挙がることがあります。「介護ロボット」の開発が推進され、経済産業省（経産省）及び厚労省も、「介護ロボット」の普及施策を講じています。

例えば、二〇一八年度の経産省における「ロボット介護機器開発・標準化事業」の予算額は一一・〇億円が計上され、「介護需要の増加や介護者の慢性的な人材不足という社会課題をロボット技術の活用により解決するため」という目標が設定されています。経産省としては、二〇一八年度から二〇二〇年度までの三年間で、最終的にロボット介護機器の国内市場規模を約五〇〇億円に拡大することを目指しています[1]。

厚労省ＨＰにおいて、「ロボットの定義」として、①情報を感知（センサー系）、②判断し（知能・制御系）、③動作する（駆動系）、という三つの要素技術を有する、知能化した機械システムとして規定しています[2]。つまり、「ロボット技術が応用され利用者の自立支援や介護者の負担の軽減に役立つ介護機器」を介護ロボットと呼んでいるようです。

どうしても「ロボット」と聞くと、アニメの『鉄腕アトム』のような人型ロボットが、介護職と類似した動きをし、要介護者の支援をするといったイメージを抱くでしょう。

しかし、実際は厚労省の定義のように、例えば、①介護職が要介護者を抱え上げる時の負荷を軽減する「移乗支援」、②歩行困難な要介護者のための歩行器に似た買物カートのような機器による「移動支援」、③夜中のオムツ交換が不要となる排尿支援機器（オムツに機器を装着して排尿を吸い取る）、④介護施設において、センサーが設置され夜間の要介護者徘徊を見守る機器、もしくは在宅介護現場における見守り機器、⑤入浴する際の動作を支援する機器、などが「介護ロボット」と呼ばれているのです。

「介護ロボット」というよりもいわば「介護機器」と理解したほうが妥当であり、「人」に替わってロボットが介助するといったものではありません。仮に、一般人が想像する人型ロボットが介助するといった「介護ロボット」が実用化されるとしても、五〇〜一〇〇年先かもしれません。

期待される「介護ロボットスーツ」

介護職たちが多少の期待を寄せているのが、「介護ロボットスーツ」と呼ばれるものです。介護職が機器を装着し、要介護者を抱える、もしくはベッドから車いすに移乗させるとき、その機器が介護職の「負荷」を軽減させる機能があり、「腰痛予防」などに効果があるとされています。

筆者も、介護機器業者と協力して、大学の授業で福祉学部学生に「介護ロボットスーツ」を体験させる試みをしたことがあります（**写真2**）。

学生たちの感想としては、「機器が助けてくれるので軽く「人」を持ち上げることができ、身体に「負担」がかからない」「介護の仕事は地味だが、最新機器を利用すると楽しく仕事ができるかもしれない」「もう少しスーツ自体がコンパクト化されると広く実用化の可能性があるのではないか」「介護業務によっては邪魔になる場面もありそうだ」などの意見が寄せられました。

実際、介護施設等で、これら「介護ロボットスーツ」を活用したモデル事業も試みられ、介護職からも類似した感想が報告されています(3)。

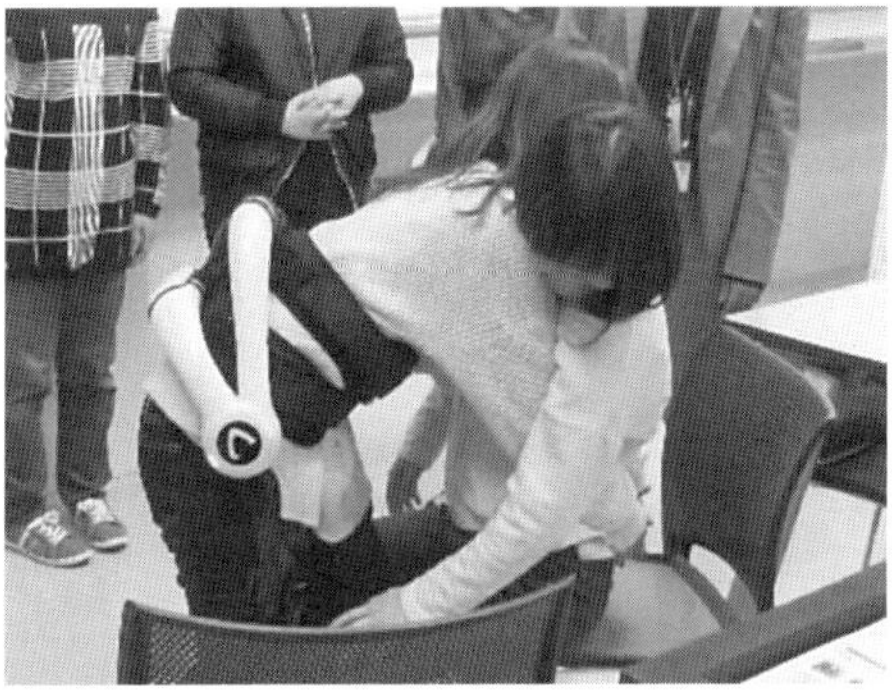

写真2　介護ロボットスーツを体験する学生

介護現場におけるＡＩ技術の活用

パナソニック・カーエレクトロニクスが開発・販売を手がける「カーナビ連携型の業務車両管理システム「ＤＲＩＶＥ ＢＯＳＳ（ドライブボス）」」によって、デイサービスにおける介護職たちの業務負担が改善されていると報告されています(4)。

パナソニック社のＨＰによれば、デイサービスの要介護者の送迎ルートについて、ＡＩを備えたシステムに情報を打ち込むことで、効率的なルートがはじき出せるそうです。

毎回、作成に時間のかかる送迎計画を介護職が手作業でつくっていました。ＡＩが備わったシステムで検索するほうが効率的で正確な「送迎計画」を導き出せるというのです。その意味では、介護職たちの業務負担軽減に効果的だと思います。

しかし、このようなＡＩによる介護業務の負担軽減は、業務全体のプロセスのうち部分的な負担軽減を目的とした側面が強いと言えます。

(2) いずれにしろ介護は「人」次第

ロボットの可能性

「介護」業務を考えるにあたって、筆者は自らの現場経験から、「直接的介護業務」と「間接的介護業務」の二つに分類できると考えます（**表10**）。

前者は、直に要介護者や家族、関係者を支える「介護」を意味し、「身体介護」といわれる入浴介助、排泄介助、食事介助、着替えなど。それらの生活を支える「生活援助」、例えば、掃除、洗濯、買物、食器洗いなどが挙げられます。これらのプロセスの中で、要介護者やその家族とのコミュニケーション（会話）なども重要です。また、適宜、介護計画を作成する際の利用者からの聞き取り、支援者同士のカンファレンスも直接的介護業務と言えるでしょう。介護施設などでは、レクリエーションも、これらに位置付けられるかもしれません。

いっぽう後者は、日々の要介護者等の「記録」業務が挙げられ、重要な一つとも言えるでしょう。また、介護業務を遂行していく中で、職員のシフトづくり、デイサービスならば、要介護者の「送迎計画」づくりといった、事務的業務も「介護」として位置付けられると考えます。

このように大きく「介護」業務を考えた場合、今、話題となっている「介護ロボット」の可能性は、それぞれの部分的な業務を効率的に遂行していくための「道具」という意味で、大きな期待が寄せられていると思います。

表10　主な介護業務の整理表

介護業務	直接的介護業務	身体介護	入浴介助，排泄介助，食事介助，着替え，見守り（安否確認），レクリエーションなど
		生活援助	掃除，洗濯，食事作り，買物，食器洗いなど
		介護計画や支援カンファレンス	要介護者の聞き取り・状態把握，支援会議など
	間接的介護業務	事務処理	日々の記録，デイサービスの送迎計画，その他事務作業など
		介護業務における組織運営	介護職等のシフトづくり・研修指導など

その意味では、これら介護機器（道具）が開発されることで、介護業務の軽減が図られ、結果、一〇人の介護職が必要な現場において、八〜九人で済むといった効果が、理想的と言えるでしょう。

もしかしたら、二〇〜三〇年後には、介護機器の開発がさらに進み、一〜二人分の介護職の業務を代替できる日が来るかもしれません。しかし、現在の「介護ロボット」開発の状況を鑑みれば、当面は「人」が中心となって介護業務が遂行されていくため、部分的な業務軽減が図られても、介護現場全体からすれば、その効果は限定的と考えられます。

なぜならば、これらの介護機器を用いる際の介護職たちの「手間」といった、例えば「機器をセッティングするまでの時間」「機器を使いこなせるまでの研修時間」など、多少の新たな業務量が生じるからです。その意味では、効率化された業務量と新たな負担部分で「相殺」されてしまう可能性は、無視できないと思います。

しかし、「介護ロボット（介護機器）」を導入することで、介護のイメージをプラスにしていくことはできるかもしれません。地味な介護業務に、これらの最新機器を一部導入することで、若者が介護業界に興味を持ってくれる効果は期待できるでしょう。

莫大な経費

介護機器の開発が進み実用化されたとしても、そのイニシャルコスト及びランニングコストを考えなければなりません。新たな介護機器を導入しても、それよりもその経費で一人の介護職を増員したほうが、経済的にも業務的にも効率的だというのでは意味がありません。

特に、介護機器はランニングコストがかかるため、システム開発等が進めば、それに応じて適宜、メンテナンス費用も生じてきます。その意味では、「介護ロボット」が実用化されても、そのランニングコストが、いかに低価格で抑えられるかで、その普及度も左右されてくるでしょう。いわばそれらの動向次第で、「介護ロボット」の可能性と限界が見えてくると考えられます。

要介護高齢者のケアは臨機応変

繰り返しますが、「介護」業務は要介護者によって、その支援方法が異なるため、一概に「介護ロボット（介護機器）」で代替できる仕事ではありません。あくまでも現状の「介護ロボット」

は、介護職にとって業務における道具（介護機器）であり、これら道具だけでは要介護高齢者のケアに、臨機応変に対応できるものではありません。

確かに、認知症予防という目的で、ゲームのように「介護ロボット」が要介護者に話しかけ、クイズを出すなどの介護機器が話題となることもあります。しかし、このようなレクリエーション性のある介護機器も、厳しい見方をすれば、いわば「玩具的」な意味合いをもち、それらを操作するのは、やはり「人」である介護職に違いありません。レクリエーションの時間に、このような「介護ロボット」を活用したからといって、決して人手が不要となることはありません。

筆者は、「介護ロボット」というフレーズが、どことなく社会に誤解を与えているのではないかと考えます。

確実な実用化はまだ先！

当面、これまで述べてきたように、「介護ロボット」は介護機器が中心となって開発されていく傾向であるため、一定の介護職たちの負担軽減とはなるものの、人材不足を補うまでの機能は、それほど期待できないと考えます。もちろん、腰痛予防や見守り機器が開発されれば、一定の業務量軽減にはつながるでしょう。

確かに、他産業においては、「無人スーパーマーケット」「自動運転の自動車」「無人宅配便（ドローン宅配）」など、ＡＩやロボット技術に期待が寄せられ、人材不足の切り札として開発が見込まれているのは事実です。しかし、介護の基本は「人」が中心となってサービス提供されるため、決して「ロボット」が大部分を代替できる業務ではありません。特に、認知症高齢者が増えていく介護現場では、より一層、「人」による介護の役割が増していくと考えられます。ただし、企業などが中心に介護ビジネスを見込んで開発を進めることは、重要かと思います。もしかしたら、遠い将来、人型ロボットが直に要介護者の介護業務に携わる日も来るかもしれません。

そのような可能性を期待するためにも、今から開発を続けなければ「未来」がないと考えられます。その意味では、「介護ロボット」の可能性は、まだ先の話と言えるのではないでしょうか。

注

（1）経産省製造産業局産業機械課ロボット政策室「経済産業省におけるロボット介護機器に関する取組について」二〇一八年八月。
（2）厚労省「介護ロボットの開発・普及の促進」（最終確認二〇一九年五月六日）https://www.mhlw.go.jp/stf/seisakunitsuite/bunya/0000209634.html
（3）福島県保健福祉部高齢福祉課「平成二八年度介護支援ロボット導入モデル事業検証報告書」四〇頁。
（4）Panasonic Newsroom Japan「特集 介護現場の人手不足を救う ＡＩ活用の送迎支援サービス」二〇一八年六月二九日（最終確認二〇一九年五月六日）https://news.panasonic.com/jp/stories/2018/59007.html

終章　介護職不足を解決するために

(1)ゆとり世代との関わり方

感情の起伏が激しい上司

先日、ある介護事業所の経営者に中間管理職への指導事項として、何が大切かをインタビューしました(二〇一八年一一月二〇日)。その経営者は、冒頭から「お局《つぼね》対策です」ときっぱりと話してくれました。「ジェンダー的に「差別発言」になるかもしれないが」と断りながらも、「女性の上司は、どうしても感情の起伏が激しい人が少なくない。特に、若い同性の介護職に対して、感情的に対応して強い口調で指導する者もいる。しかも、機嫌がよい時と悪い時で、指示内容が変わる」(三章、表9)。

ある二〇代の介護職から「上司である介護課長(女性)は、若い男性介護職には、いつも優しく対応が「丁寧」だが、同性である若い女性介護職には「厳しい」指導・指示しかしない。何とかならないですか」といった相談を受けたことがあると言います。

また、「先日、Aさん(二〇代女性介護職)が目を離したすきに、要介護者が転倒してしまいました。皆さんも、注意するように！」と、全体会合で反面教師的な事例で説明する中間管理職がいたそうです。確かに、何度も同じ「ミス」をしてしまう場合は、このような対応もわからなくもありません。しかし、基本的に、このような指導は、現代では「パワハラ」とも言える対応だと、その経営者は話してくれました。

褒めて伸ばす

現代の三〇歳前半以下の世代、いわゆる「ゆとり世代（一九八七～二〇〇四年生まれ）」以降の施設介護職やヘルパーたちを、いかに介護現場にひきつけていくかが重要です。

しかし、多くの介護現場では、このような「ゆとり世代」の特徴を踏まえた、「指導・養成」に欠けた中間管理職が多いように見受けられます。この世代の「小学生」「中学生」「高校生」時代に育った環境と、四〇歳前後以降のその時とは全く異なります。家庭環境も「一人っ子」も多く、兄弟で争う経験がないことは珍しくありません。

また、二〇～三〇年前までは一部の部活動では、指導者が「殴ったり」「怒鳴ったり」しても、指導の一環として許された時代がありました。しかし、「ゆとり世代」以降の若い介護職に対しては、そのような経験はほとんどありません。そのため、一部を除いて「怒鳴ったり」「強い口調で指示したり」「先輩の姿を盗めと言ったり」などの指導は不適切です。

今の時代、「褒めて伸ばす指導」に徹しなければ、「人」が育たないのです。実際、優れた中間管理職のいる介護現場の指導・養成内容は、新人職員を「過保護」すぎるぐらい「丁寧」に対応していきます。このような職場では、最優先となる指導・養成方針として、憧れの「先輩像」を示しながら、介護の「魅力」を教えていきます。

一方、ベテランの五〇歳代前後の介護課長に対して、多少、施設長としてもその指導方針に問題があると感じていても、それらの「機嫌」を損ねてしまうと面倒になるから、全く介護現場に関与しない介護施設長もいます。

なお、今の中間管理職は、「褒め方」を知らない人も多いようで、「褒め方」のトレーニングも必要だと思います。昔と違って、若い世代の中には「不安」を抱きながら仕事に従事している者も少なくありません。そのため、あたりまえのことを「褒める」といったことが重要です。例えば、「遅刻せずにしっかり時間を守って出退勤しているね」「あいさつがいいね」「日誌がしっかり書けているね」「言葉遣いがいいね」など、昔ならあたりまえの常識ですが、「褒める」に値するに及ばないことでも、あえて気軽に「褒める」ことで若い人は安心して仕事ができることを忘れてはなりません。

石の上にも三年は古い

なお、中間管理職や介護施設長の多くから、「二〇代職員は、嫌なことがあるとすぐに辞める。「石の上にも三年」が常識であろう。粘り強さがない」という声を聞きます。しかし、このような発言こそ、今の「ゆとり世代」に対する養成・育成力の欠如という典型です。

二〇〇〇年以降、終身雇用制度は解体し、今や二〇代前半は「第二新卒」とまで言われ、「転職」することに違和感もなく、社会的に不利にもなりません。いわば「転職」自体に社会全体が寛容であることを、知らない中間管理職が多くいるのです。

特に、介護職は超売り手市場です。しかも、新しい介護施設等も増えています。少しでも現職場が「嫌だ」と思えば、転職していく介護職は多いのではないでしょうか。

(2)これからの介護経営は人材次第

人材紹介会社に頼むのは

先日、筆者は介護人材を紹介する会社の担当者に話を聞くことができました(二〇一九年三月六日)。一人の介護職を介護施設や事業所に紹介して採用が決まると、その介護事業所は、人材紹介会社に手数料として介護職の年収の約二～三割を支払うことになります。仮に、年収三五〇万円の人材を紹介してもらうとしたら、約七〇万～一〇〇万円の手数料を人材紹介会社に支払うのが相場です。そして、登録していた介護職は、多少の「就職祝い金」といった意味合いの謝礼金を受け取ることができます。


しかし、せっかく確保した人材も、一部は、二年以内で退職する者もいるかもしれません。もちろん、働きやすい職場であれば、長期間、働く人もいますが、少しでも「働きにくい」と感じれば退職し、再度、人材紹介会社に登録して転職先を探せばいいと考えている人が多いようです。

なぜなら、転職を繰り返すごとに、その都度、「就職祝い金」を受け取ることができるからです。人材紹介会社を通して介護職を確保しても、その受け入れ態勢が整っていなければ、すぐに

「離職」してしまい問題の解決にはならないことがあります。

しかも、中長期的に考えると人材紹介会社に介護人材の確保を依存してしまうと、一部、自前で組織を支える中心人物の養成・育成を断念することにつながります。

その意味で、単に新聞広告やハローワークに求人を出して、それで人が来ないからといって、安易に人材紹介会社を活用すると、経営的にも大きなマイナスになります。

なお、人材紹介会社とは違いますが、「派遣会社(派遣社員方式)」に依頼して介護職を暫定的に「確保」していく手法も見受けられます。しかし、これらも長期的に見ていくと、問題が生じてきます。例えば、介護事業所の正規職員と派遣社員とで年収が変わらない場合、その仕事内容に責任の差が生じてしまい、正規職員のやる気が低下します。派遣社員は定時に帰り、責任ある仕事は任されません。しかし、正規職員は残業もあり、場合によってはサービス残業も余儀なくされます。つまり、派遣社員を活用し過ぎると、正規職員が辞めてしまう危険性もあるのです。

人材確保の創意工夫

ある介護施設経営者は、昨今の若者が専門学校、短大、大学の授業において、返済義務のある奨学金を借りている点に注目しました。そのため、雇用期間中は、その法人が「若者支援手当」として、毎月の奨学金返済を全額肩代わりする福利厚生を設けていると聞きました。

また、ある法人では、すでに働いている施設介護職が、友人の介護職を紹介して雇用(転職)に結び付けた場合、紹介した職員は一時金として五万円、手当が出ます。その雇用された(転職した）職員も、就職準備金として五万円受け取ることができます。

このような介護施設長たちは、日々、専門学校等の就職課や転職希望者が集うセミナーに出向き、自身の施設の魅力を関係者に伝えて、人材確保に懸命に取り組んでいます。単に求人広告を出して待つという姿勢ではありません。

介護施設長などの総責任者自ら、人材確保のためのアクションを起こしていることで、それを見ている中間管理職はじめ介護職たちとも、自然と信頼関係が築かれ、職員全体で人材不足対策に取り組む雰囲気が生まれてきます。

そうかと思えば、人材が足りないから、多少、人柄に「難」があると思いつつも採用してしまい、その後の対応を、中間管理職に丸投げしてしまう介護施設長がいます。実際、介護職に「難」のある三〇歳代以降の中途採用者を雇用してしまい、それまでの人生経験が邪魔をして、いくら指導・養成しても適切な介護職に育つ見込みがなく、かえって周りの介護職や要介護者にとって迷惑になったという事例もあります。このように、総責任者である介護施設長や各介護事業所長の姿勢に問題があり、そのしわ寄せを現場の介護職に負わせている施設は、最終的に要介護者である利用者が困ることになります。

よく筆者は多くの人に「質の高い介護事業所の選び方」のポイントを聞かれますが、一つの目安として、その介護事業所の介護職の「離職率」と、そのリクルート活動の熱心さを見るように答えています。

(3)安心できる介護サービス確立のために

養成システムの普遍化

筆者は、介護人材不足を大きく二つの側面から考えました。一つ目は「政策論的・社会的な事業所外的要因」、二つ目は「利用者や管理・養成力などの事業所内的要因」です(**表11**)。これから労働人口が減少していくと見込まれるなかで、リクルート活動に熱心に取り組むなどの対策にも限界があります。しかも極端に生産年齢人口が減少していく地方においては、抜本的な改善策は難しいと思われます。

しかし、二つ目の「利用者や管理・養成力などの事業所内的要因」では、各事業所の努力次第では、一定の介護人材不足を解消できる可能性は残されていると考えます。

介護人材不足の対策には、しっかりとした介護職の指導体制が重要となります。介護現場は、「人間関係の問題」で介護の仕事を「離職」してしまうケースが多いと述べましたが、これは指導体制の未整備も大きく関係しています。

一定の指導体制が統一されていなければ、A介護職に習った手順と、B介護職のケア方法が異なり、新人介護職はどちらを選択するかは自分次第となります。しかし、もし、A介護職の手順で新人介護職がケアすると、それを傍らでみているB介護職は「自分が教えた「ケア方法」を選択せず、あの新人は不愉快だ」と、徐々に人間関係がギクシャクする可能性があるのです。

表11　介護人材不足の要因分析と事業所ベースでの対応策

	具体的な要因	対応策
政策論的・社会的な事業所外的要因	賃金水準の低さ	・経営努力により手当加算，過員配置の実施 ・外国人介護職の活用 ・リクルート活動に熱心に取り組む ・奨学金制度などの充実
	職種としての負担	
	社会的イメージ(社会的評価)	
	生産年齢人口の減少	
利用者や管理・養成力などの事業所内的要因	要介護者及び家族のモラルのなさ	・自治体の市民に対するサービス利用のマナー啓発 ・中間管理職における指導力向上研修の開催
	介護現場の指導力・養成力の欠如	

中間管理職の再教育

多くの介護職はストレスを抱えているため、中間管理職が、それを緩和させるような「アドバイス手法」「相談技法」「人事マネジメント論」などを修得して、実践している介護現場は「魅力ある職場」として認識され、人手不足とはなっていません。こうした職場では、介護職たちが働きやすさをアピールして、他の事業所から職員を呼び寄せるといった事例もあります。

しかし、少子化が進む過疎地域を除いて、人手不足で困窮している介護現場は「魅力のない職場」と言えるかもしれません。特に、新人教育・養成力が欠けているがために若い介護職たちが、寄り付かないといった側面は否定できないのではないでしょうか。

そのため、介護現場の中間管理職たちに「魅力ある介護現場の構築」といった再教育が必要だと思います。

なお、これらの責務の一部は、自治体の役割ともいえます。現在、多くの都道府県、市町村の介護保険担当部署でも、管轄内の介護人材不足対策に取り組んでいます。その意味では、自治体が公共政策として中間管理職の再教育を担うことも重要であると考えます。

高齢者ヘルパーの活用

一部の介護現場では、「高齢者ヘルパー」などを活用して、人手不足を補っていくことも重要だと思います。例えば、介護施設では、身体介護といった施設介護職に体力的な負担のかかる業務は、高齢者ヘルパーには難しいため、それ以外の「見守り」「話し相手」「食事の配膳、片付け」など、介護業務の全体の一部を担ってもらうシステムを、介護現場で普遍化していくことも、安心できる介護サービスを提供するための一つの方策として考えられます。

「介護」というと、重労働であり高齢者層のマンパワーの活躍は期待できないと考えられがちですが、現場のマネジメント次第では、人生経験の豊富な「高齢者ヘルパー」の活躍の場は多々あると思います。

介護分野における財源確保

介護人材不足の要因は、全産業と比べて介護職たちの賃金が安いということは忘れてはなりません。そのことによって、イメージが悪くなり社会的にも敬遠される職業として施設介護職やヘルパーが認識されてしまうことは事実です。

全産業が人手不足に直面している日本社会において、「人材獲得競争」に介護業界が勝っていくには、さらなる賃金の引き上げは不可欠です。そのためにも、介護保険制度において、多大な公費（税金）の投入や保険料引き上げによる財源確保が必要と考えます。多くの介護職たちは、介護保険制度を基盤とした介護現場で働いているため、介護報酬などの引き上げがない限り賃金が伸びないのが現状です。

（4）要介護者が選ばれる時代に

権利意識の高い高齢者

最近、筆者が介護現場で取材を進めると、権利意識の高い要介護者やその家族が増えたと耳にします。例えば、「私は、介護保険料が毎月、年金から天引きされるし、自己負担分一割も支払っている。ヘルパーは賃金をもらっているので、しっかりと働いてもらわないと」と、上から目線の要介護者は増えているというのです。しかも、その家族も「介護保険があるから、親の面倒は、ヘルパーや施設に、しっかりと看てもらえるはずだ。ちゃんとやってもらいたい」と、支援してもらうのが当然かのように思っている人が、多くなってきているようです。

確かに、要介護者やその家族が抱えている問題は深刻で、日々の介護生活は大変なケースも少なくないでしょう。だからといって、「看てもらって当然という態度」「ヘルパーをお手伝いさんのように勘違い！」など、利用者側に「誠意」がなければ、結果的に良質なサービスを受ける機会は減っていくと考えられます。

なぜならば、人手不足が深刻化する中、権利意識の高い高齢者などは介護事業者側がやんわりとサービス提供を拒むからです。介護事業所にとっても、貴重な介護人材が面倒な要介護者や家族対応が辛くて辞めてしまえば、事業そのものが運営できなくなります。つまり、「手のかかる」もしくは「偉そうな」高齢者は、敬遠されてしまう可能性が高くなります。

ただし、明らかに施設介護職やヘルパーが理不尽な対応をしている際には、しっかりと苦情を申し述べる「権利」があるので、その点は忘れてはならないと思います。残念ながら全ての介護職が、適切な人材でないことも現実だからです。

高齢者が支えられ上手になる

「介護」とは、介護職と要介護者との信頼関係によって成り立つものです。いくら専門職とはいえ、社会的にマナーが欠ける利用者や家族に対しては、敬遠しがちになるのではないでしょうか。

しかし、「愛想が良い高齢者」「いつも感謝する家族」などのケースでは、介護職も自然とやりがいが生じ、仕事にも前向きになっていきます。介護業界に限らず、日常的な経済活動においても、売り手と買い手において「ホスピタリティ（もてなし）」といった関係性が重視されています。

つまり、労働市場において介護職が敬遠されている背景には、高齢者や家族たち利用者側にも問題があります。これらの介護職に対する姿勢が結果として介護職という仕事の魅力を低下させている点は見過ごしてはいけないと思います。

今後、ますます要介護者が増えていく日本社会において、利用者側である高齢者自身も介護職への対応が不適切であれば、介護業界に人が来なくなることを認識できるような機会を設けていかないと、いくら介護人材確保・定着のための施策を国や地方自治体が講じても限界があるのではないでしょうか。

ある介護施設に入所している高齢者が、「いつも慣れたと思ったら、次々に介護職が辞めてしまい、また、新しい人がケアにあたる。でも、介護される側も、けっこう「気を遣う」ので、できるだけ介護職の方に定着してほしいのよ。慣れた人に続けてもらうことも、介護サービスの質の一つだから」と、昔、筆者に語ってくれたことを鮮明に覚えています。

そのためにも、介護職不足問題を解決していかなければならず、供給側及び需要側両面で考えていかなければならない問題だと思います。

おわりに

筆者の大学の卒業生である数人の介護職によれば、今、働いている職場が嫌になって辞める時には、「結婚」「親の介護」「転居」など差しさわりのない理由で退職届を出すと聞きます。なぜなら、もし「ここの職場は、人間関係も良くないし、上司とも「介護理念」が合わないので退職したい」と、やんわりと本音で述べたとします。その場合、上司の中には「あなたが、辞めてしまうと要介護者が困るから！　人間関係や介護理念の不一致は仕方ないけれど、利用者のことを考えたら退職を留まって」と、いわば要介護者を「盾」に説得されることがあるからだそうです。そのような事例を聞いて、自分の人事マネジメント問題を棚に上げ、要介護者を「人質」にする典型的なダメな上司と筆者は思いました。実際、詳しく聞くと、大半は不適切な中間管理職及び経営者でした。

本書の二章で、介護職のイメージの一つとして「きつい」と述べましたが、これには二つの意味があります。一つは文字通り「夜勤」「不規則勤務」「認知症高齢者の対応」など、他職種と比べて介護職そのものの「きつさ」です。

いっぽう、もう一つは既述のように労務法規が守られていない、例えば「決まった休みが取れない」「サービス残業が多い」「上司からのパワハラ」「極端に夜勤回数が多い」といったような「きつさ」です。特に、多くの介護現場では人が足りないため、これらの「きつさ」が常態化してしまうことがあります。

その意味では、少なくとも後者の「きつい」を改善しない限り、多くの要介護者は安心できる介護サービスを享受することはできません。

もっとも、介護職の賃金水準を全産業並みに引き上げることは言うまでもありません。政府は待遇改善に努力はしていますが、介護分野に配分される財源は不十分です。介護職が足りなければ安定したサービスが確保できず、全国的に介護難民が生じかねません。そうなれば、親の介護のために仕事を辞めてしまう「介護離職」者が増え、労働力不足が深刻化し経済政策にも悪影響となります。いわば介護業界に財配分を手厚くすることは「社会投資」であり「負担」ではないのです。

なお、本書を作成するにあたって、インタビュー等に協力いただいた多くの方々に感謝を申し上げます。

最後に、介護職がいなくなるとサービスの質が低下していくことを重ねて述べたいと思います。今でも介護職の離職が続き、短期間で担当のヘルパーや施設介護職が替わり、落ち着いて介護生活を送れない要介護者は少なくありません。介護の専門性とは、利用者にとって慣れている介護職が存在することでもあります。介護職不足の問題は、要介護者の暮らしの行く末を大きく左右する問題なので、市民全体で考えていかなければならないと思います。

結城康博

結城康博

1969年生まれ．淑徳大学教授．法政大学大学院博士課程修了(政治学)．地域包括支援センター(社会福祉士・ケアマネジャー・介護福祉士)および民間居宅介護支援事業所勤務ののち，現職．著書に『国民健康保険』(岩波ブックレット)，『医療の値段――診療報酬と政治』『介護 現場からの検証』『在宅介護――「自分で選ぶ」視点から』(以上，岩波新書)，『突然はじまる！ 親の介護でパニックになる前に読む本』(講談社)，『わかりやすい 社会保障制度――はじめて福祉に携わる人へ』(共著，ぎょうせい)など多数．

介護職がいなくなる
――ケアの現場で何が起きているのか

岩波ブックレット 1008

2019年9月5日 第1刷発行
2024年4月5日 第3刷発行

著 者 結城康博《ゆうきやすひろ》

発行者 坂本政謙

発行所 株式会社 岩波書店
〒101-8002 東京都千代田区一ツ橋2-5-5
電話案内 03-5210-4000 営業部 03-5210-4111
https://www.iwanami.co.jp/booklet/

印刷・製本 法令印刷 装丁 副田高行 表紙イラスト 藤原ヒロコ

ISBN 978-4-00-271008-2 Printed in Japan

読者の皆さまへ

岩波ブックレットは，タイトル文字や本の背の色で，ジャンルをわけています．

赤系＝子ども，教育など
青系＝医療，福祉，法律など
緑系＝戦争と平和，環境など
紫系＝生き方，エッセイなど
茶系＝政治，経済，歴史など

これからも岩波ブックレットは，時代のトピックを迅速に取り上げ，くわしく，わかりやすく，発信していきます．

◆岩波ブックレットのホームページ◆

岩波書店のホームページでは，岩波書店の在庫書目すべてが「書名」「著者名」などから検索できます．また，岩波ブックレットのホームページには，岩波ブックレットの既刊書目全点一覧のほか，編集部からの「お知らせ」や，旬の書目を紹介する「今の一冊」，「今月の新刊」「来月の新刊予定」など，盛りだくさんの情報を掲載しております．ぜひご覧ください．

▶岩波書店ホームページ　https://www.iwanami.co.jp/ ◀
▶岩波ブックレットホームページ　https://www.iwanami.co.jp/booklet ◀

◆岩波ブックレットのご注文について◆

岩波書店の刊行物は注文制です．お求めの岩波ブックレットが小売書店の店頭にない場合は，書店窓口にてご注文ください．なお岩波書店に直接ご注文くださる場合は，岩波書店ホームページの「オンラインショップ」(小売書店でのお受け取りとご自宅宛発送がお選びいただけます)，または岩波書店〈ブックオーダー係〉をご利用ください．「オンラインショップ」，〈ブックオーダー係〉のいずれも，弊社から発送する場合の送料は，1 回のご注文につき一律 650 円をいただきます．さらに「代金引換」を希望される場合は，手数料 200 円が加わります．

▶岩波書店〈ブックオーダー〉　☎04(2951)5032　FAX 04(2951)5034 ◀